社会工作督导系列培训教材

中国社会工作教育协会社会工作督导专业委员会 编写

SHEHUI GONGZUO DUDAO
JICHU ZHISHI

社会工作督导
基础知识

童 敏
主 编

中国社会出版社
国家一级出版社 · 全国百佳图书出版单位

图书在版编目（CIP）数据

社会工作督导基础知识 / 童敏主编 . -- 北京：
中国社会出版社，2018.7（2023.5 重印）
社会工作督导系统培训教材
ISBN 978-7-5087-6038-4

Ⅰ. ①社… Ⅱ. ①童… Ⅲ. ①社会工作－监督－
技术培训－教材 Ⅳ. ① C916

中国版本图书馆 CIP 数据核字（2018）第 163606 号

出 版 人： 程 伟　　**终 审 人：** 胡晓明
责任编辑： 杨 晖 张 杰 孙武斌
责任校对： 姜婷婷　　**封面设计：** 时 捷

出版发行： 中国社会出版社　　**地　　址：** 北京市西城区二龙路甲 33 号
邮政编码： 100032　　**编 辑 部：** (010)58124853
网　　址： shcbs.mca.gov.cn　　**发 行 部：** (010)58124864；58124848
经　　销： 新华书店

印刷装订： 中国电影出版社印刷厂
开　　本： 170 mm×240 mm 1/16
印　　张： 14　　**字　　数：** 250 千字
版　　次： 2019 年 4 月第 1 版　　**印　　次：** 2023 年 5 月第 2 次印刷
定　　价： 45.00 元

社工图书专营店　　中国社会出版社微信公众号　　中国社会出版社天猫旗舰店

社会工作督导系列培训教材
编委会

总　序

2015年李克强总理在《政府工作报告》中提出“发展”专业社会工作，这是继党的十六届六中全会提出的“建设一支宏大的社会工作人才队伍”战略部署后，中央再一次就发展专业社会工作作出明确政策安排。2016年李克强总理在《政府工作报告》中强调要“支持”专业社会工作发展，2017年和2018年李克强总理在《政府工作报告》中又提出“促进”专业社会工作的发展，这对整个社会工作发展、加强和创新社会治理都具有非常重大的意义，标志着专业社会工作发展进一步进入国家决策层面，并成为保障改善民生、加强社会建设和创新社会治理的重要手段。

社会工作督导是专业社会工作发展的重要组成部分，也是社会建设和创新社会治理的重要环节，社会工作督导队伍是社会工作人才队伍建设的关键和核心元素。2012年3月，19部门联合发布的《社会工作专业人才队伍建设中长期规划（2011—2020年）》中明确提出培养8万名社会工作督导人才的目标；2015年9月，中国社会工作联合会出台了《注册社会工作督导培训标准体系（试行）》文件。2009年至今，各省市为推动社会工作督导的发展，相继出台了近四十个相关的政策和指导意见，其中包括社会工作督导人才资质、选拔、培养、职责、使用、考核评估、薪酬津贴和认证等内容的政策，其后，广东省及其所辖的广州市、深圳市、东莞市、中山市，以及重庆市、上海市及其所辖浦东新区、南京市、浙江省安吉县等省市和地县相继出台了地方社会工作督导人才培养及专业督导标准的文件。近年，福建省及其所辖厦门市、北京市、湖南省及杭州市也都相继出台了有关社会工作专业督导人才选拔和管理办法。上述政策及指导意见的相继出台，标志着中国社会工作督导的发展已经有了国家、地方政府和行业协会的标准，社会工作督导对社会工作专业水平发展的重要作用日益得到各级政府主管部门和专业协会的重视。

在政策保障和指导下，在专业社会工作发展和创新社会治理的需求和推动下，中国社会工作督导实务有了进一步发展。首先是督导人才队伍建设的发展。2013 年社会工作师委员会启动实施“全国社会工作督导人才培养计划”，该计划以专业课程培训、实务训练、进修学习三种方式在全国重点培养见习督导、初级督导、中级督导和高校实习督导等专业人才。同时，中国社会工作教育协会也组织了全国规模的社会工作督导人才培训。地方上，深圳市自 2009 年开始建立社会工作专业督导体系，截至 2016 年 6 月底，深圳社会工作者协会培养本土督导 804 人，督导队伍已成规模。广州市委托广州社会工作协会开办社会工作督导培训班，培养了 300 多名优秀的本土督导者。截至 2014 年底，上海市浦东新区培养助理督导和初级督导 24 名，杨浦区培养督导和助理督导 22 名，静安区培养见习督导 15 名。其次是机构设置的完善。中国社会工作教育协会社会工作督导专业委员会于 2016 年 10 月 30 日成立，标志着社会工作督导教育、实务和研究有了专门的组织去推动。2016 年 11 月和 2017 年 7 月社会工作督导专业委员会分别在山东大学和首都经济贸易大学召开了关于社会工作督导的专门会议和年会，中国社会工作督导研究得到了国内外学者和督导同人的高度关注和重视，中国社会工作督导标准的制定也进入了快车道。

随着中国社会工作督导政策、人才队伍和实务的发展，中国社会工作督导的研究也在不断发展。据中国知网（CNKI）统计数字显示，自 1998 年至 2017 年，关于中国社会工作督导研究的文献有 101 篇，如果取平均值，每年的发文量仅为 6 篇，发表文章数量最多的年份是 2017 年，数量达到 15 篇。这说明，单从学术成果来看，目前我国对于社会工作督导的研究亟待加强，中国社会工作督导在政策、实务和研究等方面虽然得到了前所未有的发展，但是还存在一些问题，如社会工作督导人才队伍的实际发展与相关政策规划所制定的社会工作督导人才队伍的规模数量间还存在一定的距离，督导人才的实际能力与督导实践的发展需求间还存在一定差距，督导实践中适应中国本土所需的社会工作督导的理论知识体系还需要建构，督导培训中所需要的社会工作督导教材需要建设等。鉴于此，中国社会工作教育协会社会工作督导专业委员会与中国社会出版社合作，共同编写出版了这套中国社会工作督导系列培训教材，以回应社会工作专业发展对督导人才和实践的需要。

本套丛书共5册，包括《社会工作督导基础知识》《社会工作督导理论与方法》《为服务一线社工而来——13位社会工作督导者的心路历程》《社会工作督导实务案例分析》和《社会工作督导文件汇编》（后续出版）。丛书坚持国际性、本土性、逻辑性和系统性原则，参照借鉴国外专家学者的观点，力图体现督导理论和实务知识的国际规范，展现中国不同情境中的督导实践，体现督导理论和实务知识的情境性和特殊性。《社会工作督导基础知识》从督导理论和实务知识的逻辑性角度概括性地阐释了社会工作督导的内涵；《社会工作督导理论和方法》比较详细地阐释了社会工作督导的相关理论和方法；《为服务一线社工而来——13位社会工作督导者的心路历程》呈现了发展中的中国社会工作督导、督导实务与管理、多元化督导的发展历程，以及社会工作教育者和实务者对督导实践的探索；《社会工作督导实务案例分析》则按照价值和伦理、政策、专业性和有效性、文化能力、理论转化、专业方法和技巧、关系处理和情感支持等议题展现了督导实务案例；《社会工作督导文件汇编》将国家和地方、行业协会出台的有关督导实践和人才培养的文件按照时间顺序编排成册，供实务者使用。丛书包含的五本书是一个体系，从社会工作基础知识，到社会工作督导理论与实践的知识，再从督导者的心路历程等角度，多侧面呈现我国社会工作督导发展的过程，以期给读者以感悟、启发和行动的动力；督导实务案例是社会工作督导者实务经验的集合，是与国际社会工作督导理论和实务的对话、反思，是我国社会工作教育者和实务者的自我、自域的督导实践，从中可以发现我国社会工作督导发展的方向；最后是国家和地方有关社会工作督导人才和实务发展的文件汇编，可为社会工作研究者、教育者和实务者提供社会工作督导理论和实务发展的政策依据。我们真诚地期待“社会工作督导系列培训教材”的出版能够为社会工作的研究者、教育者、实务者及专业督导人才的培养提供本土化的社会工作督导理论和实务知识。同时，书中不可避免会存在不当之处，敬请广大社会工作教育者和实务者斧正！

本套丛书中的《社会工作督导基础知识》的主编是童敏，《社会工作督导理论和方法》和《社会工作督导文件汇编》的主编是张洪英，《为服务一线社工而来——13位社会工作督导者的心路历程》的主编是吕新萍，《社会工作督导实务案例分析》的主编是黄红、李晓凤。丛书的出版得到中国社会出版社的大力支持，感谢社会工作分社的杨晖主任、张杰副主任及全体编辑的辛勤劳动！感谢为丛书出版付出努力的所有编写者及提供案例的社会工作服务机构！感谢中国社会工作教育学会的指导和支持！

北京大学社会学系教授

中国社会工作教育协会副会长、秘书长

马凤芝

目录 Contents

第四章　社会工作督导理论与模式

第五章 社会工作督导的过程和技巧

第六章 社会工作督导者的继续教育

第一章　社会工作督导的历史演变及其基本内涵

伴随着社会工作的专业实践，社会工作督导也逐渐转变成拥有自己独特领域的专业实践活动，发展至今已有百余年的历史。在这百余年间，无论是社会工作督导的内涵和目的，还是社会工作督导的实践模式和方法等，在不同时期的社会背景因素和专业发展要求的交互影响下不断演变。对这一演变规律的把握，有助于加深人们对社会工作督导本质的理解，明确督导在社会工作专业发展中的作用和地位以及它与专业实践之间的内在关系。因此，本章首先对社会工作督导的历史发展脉络进行梳理，并且从历史发展的脉络中总结社会工作督导的基本内涵。

第一节　社会工作督导的历史演变

社会工作督导①作为社会工作专业实践的一部分，其发展脉络与社会

① 由于社会工作领域中的“督导（supervision）”一词译自英文，在英文中，作为名词的“督导”和动词的“督导”单词不同。而在中文里，“督导”同时具有名词词性和动词词性，并且在实际工作中，也经常会将“督导者”简称为“督导”。因此，在本书中，为避免重复和歧义，当谈及“督导”的工作状态时，会以“督导过程”“督导会议”等词阐述；谈及参与督导的人员时，会以“督导者”“受督导者”作为指代。

工作专业的发展是息息相关的。在社会工作专业的发展历史中可以清晰地发现，中西方社会工作专业发展过程是无法完全割裂开的，一方面中国社会工作专业的建构借鉴了西方社会工作的专业知识作为养料，另一方面社会文化处境的差异又使得中西方社会工作专业发展路径有所不同。鉴于此，我们先回顾西方社会工作专业发展背景下的社会工作督导的发展历程，之后再介绍中国社会工作督导的发展状况。

一、西方社会工作督导实践的演变

虽然已有不少学者从不同的角度对西方社会工作督导的发展历史进行了回顾[①]，例如，有学者从专业实践发展过程中督导功能的演变来描述西方社会工作督导的发展过程[②]，也有学者通过文献研究的方式对助人职业的临床督导发展中的重要历史事件进行详细梳理等[③]。但是不同的学者有不同的阐释角度，他们通过梳理社会工作督导历史演变希望达到的目标也不尽相同。为了帮助人们了解社会工作专业实践的发展与督导实践发展之间的内在关系，本书将以西方社会工作专业实践与理论知识的发展脉络为出发点，描述社会工作督导的具体演变过程，并且通过对社会工作督导发展的重要影响事件的概述，呈现西方社会工作督导发展的社会历史脉络。

（一）慈善组织会社时期的督导实践（19世纪中叶—20世纪初）

社会工作督导的最初起源可能与咨询和英国医药（medicine）领域中的督导工作的发展有关，但具体的来源却已无从追溯[④]。通常认为，督导

---

① 本节中提及的“西方社会工作”和“西方社会工作督导”中的“西方”是指英国和美国，因此，解释的时候主要是以英、美两国的社会工作发展状况为例子。

② Tsui, M. S. The roots of social work supervision: An historical review. *The Clinical Supervisor*, 1997, 15 (2), 191-198.

③ White, E., & Winstanley, J. Clinical supervision and the helping professions: An interpretation of history. *The Clinical Supervisor*, 2014, 33 (1): 3-25.

④ Munson, C. E. *Handbook of Clinical Social Work Supervision* (3th ed.). New York: Routledge, 2002: 51.

作为社会工作临床实践中的概念开始出现于19世纪后期的慈善组织会社（Charity Organization Society，COS）实践中。因此，可以说，自社会工作专业发展之初，社会工作督导就已经作为社会工作专业实践的一部分而存在，并且在社会工作实务中占有重要位置。

19世纪中后期，西方国家开始出现慈善组织运动，这被公认为是社会工作专业产生的萌芽。当时，由于西方社会工业化和城市化的迅猛发展，使得失业、贫困等成为突出的社会问题。一些上流社会和中产阶级的社会成员发起了慈善组织运动，自愿为贫困人群提供服务。但是，由于不同慈善机构之间缺乏协调联系，导致服务资源出现严重的重叠和浪费的问题。1869年，在英国伦敦成立的慈善组织会社采用了“科学慈善”的原则开展服务，建立了“友善访问员（friendly visitors）”制度，通过“友善访问员”的社区探访，对寻求贫困救助的对象进行筛查，给贫困中的个人和家庭提供更为科学、有效的服务。除了核实贫困救助对象的信息之外，慈善组织会社的“友善访问员”还定期进行入户探访，在日常生活场景中对救助对象开展个别化的服务，包括生活困难的解决、就业机会的提供、行为习惯的调整、自制力的提升和人格的改善等。

到了19世纪末期，慈善组织会社的助人方法得到广泛的认可，迅速扩展到英美其他主要城市。美国慈善组织会社的代表人物是玛丽·里士满，她将慈善组织会社的实践改造成社会工作三大手法之一的个案工作，并且为此撰写了《社会诊断》（1917）一书。在20世纪最初的20年里，这一方法从慈善组织会社传播到医院的社会服务部门、儿童安置机构、学校、法院、诊所以及州立精神病院。之后，由于服务的稳定性和专业性的要求，付薪的工作者（paid worker）逐渐取代之前的自愿的“友善访问员”来开展工作。这些付薪的工作者一般需要接受“学徒计划”项目的培训，而在“学徒计划”培训中有一项重要内容，即学员需要在机构内接受督导。不过，当时的督导到底是一种行政层面的管理还是教育层面的培养，目前学界仍说法不一，存在争议。由于“学徒计划”项目的实施增加了机构行政者的工作负担，它的推广面临很多困难，之后这项任务也就逐渐从机构中剥离出来，转变成大学的课程训练，作为学校专业训练的一部分，逐渐发展成为现今的实习指导（filed instruction）。

由于慈善组织会社在发展初期专注于将物质救济与道德提升相结合，使得处于萌芽期的社会工作者更多地需要进行个人贫困原因的评估和贫困程度的判断，他们最初的关注焦点放在个人以及导致个人贫穷的性格特征上，之后逐渐转向家庭以及贫穷对整个家庭成员的影响。可以说，这一时期的社会工作的关注焦点不是治疗，而是问题的识别和评估以及在评估基础上开展的救济服务。因为对评估的关注，所以社会工作督导的焦点是如何做好评估工作，督导的对象主要是机构中的“友善访问员”以及之后出现的个案工作者，采取的形式主要是培训和个别督导，它的目的是通过有关评估知识、问题识别、个人问题和需求分类的技巧培训，提升救济工作的效率和效益。

慈善组织会社的科学慈善原则和个别化实践为社会工作的专业化的发展奠定了基础。不过，值得注意的是，作为一个关注社会环境中如何助人的专业仅仅关注个人问题的评估，这样的视野过于狭窄。事实上，玛丽·里士满也意识到了这一问题，她试图调整社会工作专业实践的发展方向，提出“在环境中帮助他人”的观点，强调只评估个人是不够的，个人遭遇的问题与社会环境有着密切关系，或者表现为个人不能适应社会环境，或者表现为由于不良的社会环境导致的个人与社会关系的失调。她认为，督导者的职责是发现个案记录中重复出现的那些议题，因为那些议题可能存在某些需要探究的关联。正是通过发现这些“关联”，才能促进知识的不断更替，使个案工作者的工作效率变得更高①。

（二）精神分析思潮与督导发展（20 世纪 20—40 年代）

第一次世界大战的到来改变了社会工作的发展方向。在战争期间，美国红十字会大力推进精神健康社会工作的发展，纷纷在各主要城市建立服务中心，为受到战争困扰的士兵及其家属提供个案服务。慈善组织会社也由先前的为个人提供贫困救济和个案服务的社会组织逐渐转变成

① Richmond, M. E.（2017/1917）. *Social diagnosis*. New York：Russell Sage Foundation, 351 – 352.

为家庭服务的机构。随着家庭服务机构的逐步扩张，它们对专业实践的督导也提出了新的要求，培训督导者和编订督导技术手册在这一时期提到了日常议程中。例如，1926 年，康涅狄格州的纽黑文社区基金（the Community Chest of Greater New Haven）秘书约翰·道森总结提出家庭服务机构设置个案工作督导者的通用职责清单，具体的内容包括以下 5 个方面①：

（1）个案工作优秀指标的推广和维持；

（2）个案工作实践与行政管理的协调；

（3）提供可利用的个案工作经验，制定必要的策略和实践方法；

（4）促进每个个案工作者在教育层面的发展，使他们能够充分认识到在自己所选择的工作领域中的发展空间；

（5）培养团队精神，提升员工的忠诚度。

第一次世界大战带来的另一个重要影响是引发了人们对个人内心的精神创伤和情绪问题的关注，加上之后发生的经济大萧条，促使弗洛伊德精神分析学说成为社会工作的主流。这一时期的变化让社会工作者意识到，个案工作的服务内容不仅仅局限于对社区贫困人群的社会调查和入户服务，同时它还可以拓展到个人情绪的疏导和精神困扰的消除。此外，美国国会在 1935 年通过了《社会保障法案》（Social Security Act），为美国经济大萧条期间的贫困和失业人群提供直接物质救助。这样，贫困救助工作就转为公共福利服务，直接由政府负责，而私人社会服务机构则主要承担个别化的服务，专注于个人的心理困扰的消除。

以上各种事件的交互作用使得社会工作在 20 世纪 30 年代期间发生了明显变化，它的服务对象从之前的社区贫困人群转向社会生活中的一般人群，包括中产阶级，它的服务内容也由之前的社区贫困问题的解决转向个人心理困扰的消除。这些变化导致私人社会服务机构对精神科社会工作的需求增加，促使社会工作者开始广泛借助精神病学和心理治疗的知识和技

---

① Edward White，Julie Winstanley Clinical Supervision and the Helping Professions: An Interpretation of History，*The Clinical Supervisor*，2014，33（1）：3－25.

术开展服务，以填补实际需求与专业知识之间的鸿沟。受这一发展趋势的影响，这个时期的社会工作督导焦点也从最初的评估、诊断和问题识别转向心理治疗的实践，督导者的角色更像是治疗师，他们的作用是帮助社会工作者关注和解决内心的冲突。在督导的方法上，这个时期的社会工作督导也开始借鉴心理治疗的小组讨论（group discussion）方法，这种方法在日后发展过程中逐渐转变成社会工作督导中常用的团队督导（group supervision）的形式。此外，员工会议（staff conference）在当时也作为一种督导的方法。在员工会议上，首先由个案工作者呈现一个问题个案，然后邀请督导者和来自其他专业的同事一起对个案的时长和治疗建议等方面开展讨论[①]。

20 世纪 30 年代中期，美国宾夕法尼亚大学社会工作系提出了自己对个案工作的观点，认为个案工作不是在疾病意义上的治疗，而应该是在机构功能方面提供的服务[②]。这样，"功能"就成为新的个案工作学派的思想，以区别之前弗洛伊德精神分析学派的诊断思想。两个学派的争论持续到 40 年代。之后，"治疗折中派"[③] 观点开始出现，该观点强调治疗是满足服务对象的需求。由此，社会工作的服务逐渐倾向采取不同的模式和理论来满足个体独特的需求。社会工作实践焦点的转变同样再次影响督导焦点的变化，导致治疗取向的督导不再占据社会工作督导实践中的主要位置，而是作为特定的督导取向存在于以心理治疗为主的机构服务中。

（三）专业理论的扩展与社会功能的复苏（20 世纪 50—70 年代初）

自第二次世界大战之后，社会工作专业进入了快速发展时期，20 世纪 50—70 年代知识的扩张、社会运动的兴起以及生活方式的变化给社会工作

① Munson, C. E. *Handbook of Clinical Social Work Supervision* (3th ed.). New York: Routledge, 2002: 60-61.

② 童敏. 功能理论的历史演变，基本逻辑框架以及对社会工作的影响 [J]. 中国社会工作研究, 2014 (1): 1-24.

③ 治疗折中派倡导实践中的折中主义（Electicism），认为应该选择不同来源的概念和理论进行混合或配对应用到实践中。

的专业发展带来了新的机遇与挑战。在精神分析思潮的热浪退去后，对个人问题形成根源的探究不再被视为问题解决的必然途径和方法，忽视已久的环境（社会）因素逐渐回归到社会工作的主流视野中。在50年代初，汉尔顿正式提出“人在情境中”的概念，将社会工作中的人与环境的关系概括为个人、环境以及二者之间的相互影响①。同时期公布的郝利斯－泰勒报告（Hollis－Taylor report）指出，社会工作既是一种助人活动，也是一种社会性质的资源链接活动②。到60年代，系统理论兴起后，将社会工作的服务思维从关注个人问题的修补与治疗的线性思维转变为关注个人与环境相互影响的系统思维。

社会工作专业的发展既依赖专业知识的不断扩充，也依赖由社会问题而引发的对社会工作专业实践理念、宗旨和社会使命的反思。60—70年代的一系列社会运动，如民权运动、反贫困运动等，使人们越来越关注人的权益和社会因素的影响。社会工作者也开始对专业的定位和发展方向进行反思，重新拾起一直以来被忽视的社会工作专业服务中的社会因素，社会工作专业在促进社会公平和平等中的角色、功能和地位受到重视。这阶段一系列的变化推动了社会工作专业实践方向的进一步分化，虽然心理治疗与社会改革取向的差异仍然存在，但是已经与专业发展之初不同，这一时期由于心理学和社会科学的知识得到迅速发展，在这两种实践方向之内又继续发展出不同的新的理论取向和实践模式。

由社会工作专业实践领域的变化带来的社会工作督导的挑战主要有两个：一是如何在融合大量的新知识的同时能够为实践所运用；二是技术和专业化的发展引发了“专门化知识和一般知识是否都需要传输给实践者”的疑惑③。应对挑战的过程推动了督导领域的发展，超越治疗取向的新的督导实践模式不断兴起。例如，在督导的形式方面，许多服务机构采取了督导和咨询的双重模式以及个别督导和团队督导的混合形式。在这一阶段

---

① 童敏，张剑．社会工作基础知识［M］．北京：中国社会出版社，2015：6.

② 同上：7.

③ Munson，C．E．*Handbook of Clinical Social Work Supervision*（3th ed.）．New York：Routledge，2002：70.

发展起来的多元的专业理论和实践模式影响了督导理论模式的发展，例如，系统理论和家庭治疗模式的发展推动社会工作督导的焦点转向对督导关系的强调；70年代盛行的任务中心模式，则导致任务中心取向的督导模式的出现以及对问责（accountability）的关注。

（四）新管理主义与专业实践的平衡（20世纪70年代后期—90年代）

社会工作在20世纪50—60年代出现的朝气蓬勃的专业发展势头，在70年代中后期遭遇到了经济危机以及由此引发的福利国家危机的巨大冲击。经济下滑导致政府预算的紧缩以及公立部门社会工作者岗位的削减，与此同时，强调效率、市场和服务使用者导向的新管理主义对公共服务的影响开始显现。

为了规范管理，在美国各州逐渐实行了便于审查的社会工作者执业资格认证制度，同时对问责的重视也使得机构中督导的工作焦点逐渐变成防止服务欺骗和服务滥用。到80—90年代，社会工作者资格认证体系已经得到广泛发展，直接影响到服务机构对督导的需求，出现一些机构直接用精确、清晰的资格认证体系取代无法直接测量成效的督导工作的现象。但是，从一线社会工作者的视角来看，有效的服务传输是一个复杂而细致的工作，不能简单处理，需要比较多的精力和时间的投入。实践视角与管理视角的张力，迫使督导的焦点不得不从关系取向转向任务-成效取向，以此平衡成效的要求。对成效测量、绩效管理和品质保证的重视一方面强化了督导的行政功能，另一方面却弱化了督导对专业工作的整合以及对实务工作的反思的责任。这种任务-成效转向在90年代中后期遭遇到一些质疑，认为以任务-成效为焦点的督导是以受督导者个人需求的满足为导向，并没有以服务对象的改变成效为出发点。这样，社会工作的督导就变成为检查服务是否符合规定的管理环节中的一环，遵守既定的惯例和规则，按照预定的程序和财务要求来监管社会工作者的服务，缺少对实践的积极探索和对公认惯例的反思与挑战①。

不过，这种任务-成效转向也间接地促进了有关督导理论与实践的对

① NISW. Managing Practice: supervision and the organisation, 1995.

话，特别是在这一阶段教育学和心理学等领域的理论发展为社会工作督导的实践理论提供了参考。唐纳德·舍恩反思性实践的提出、库伦的经验学习圈理论以及咨询心理学领域的督导发展模式的提出，使得社会工作意识到行政优先督导对专业功能发展产生的消极影响，像行政－教育功能的分离、持续学习、批判反思等议题，也逐渐进入社会工作督导领域，成为社会工作督导探寻的重要内容。

二、当今西方社会工作督导发展的议题与挑战

进入21世纪之后，新管理主义对公共服务行业的影响依然十分明显，督导的行政功能与教育功能之间的平衡仍旧是督导工作的讨论焦点。不过，此时的讨论已经达成了普遍共识，认为虽然督导的行政管理职责在监督服务品质和维护社会工作者的工作状态以避免工作压力过度方面发挥着重要作用，但是在督导的过程中同时还需要注重一线社会工作者的情绪和教育需求，尤其需要关注新入职的社会工作者和开展高风险临床服务的社会工作者在这两方面的需求。为了同时满足社会工作者的行政、教育和支持等不同方面的需求，越来越多的服务机构和社会工作者倾向采用合作互补的督导方式，如聘请外部督导，与内部督导搭配；或者将正式督导和非正式督导结合起来，相互支持；或者同时采用个人督导和团队督导等不同督导方式。

不过，值得注意的是，当今西方社会工作专业实践环境已经发生了明显的变化，社会工作专业服务并不总是由纯粹的社会工作者组成的专业团队来实施，越来越多的社会工作者在多学科支持的环境中开展专业服务。这样，作为对专业实践的回应，社会工作督导也由此发展出两个新的重要议题：一是跨专业督导；二是多专业团队中的督导。跨专业督导是指督导者与不属于同一专业或者学科的专业实践者之间的督导。跨专业督导通常以“保护服务对象福利”为基本的目标，它是“一个能够帮助参与者增加知识、提高技能、维持临床和专业能力的专业态度和价值”的督导过程。跨专业督导不只是局限在多专业合作团队中，它也可能发生在其他方式的

合作团队中，如社会工作者与志愿者合作的项目中也经常可以看到这样的督导方式，只是这种跨专业督导在多专业合作团队中的需求比较迫切，发生的频率比较高。对于多专业的社会工作者来说，他们常常需要面对由非社会工作者负责的管理团队的现实，在这样的多专业团队中由管理者提供的督导通常只是为了提高服务的监督能力和增强团队的沟通能力，不一定能够满足社会工作者的专业实践和个人发展的相关要求。因此，在这种多专业的督导中，即使具有多专业团队的督导，也同时需要寻求同一专业领域的督导，多种督导的结合是必要的。近10年来，西方已经有一些行业协会明确提出，支持多专业团队中的社会工作者接受来自经验丰富并且经过注册认可的社会工作督导者的督导，帮助社会工作者提升专业实践的能力以及合理规划个人的发展。

此外，20世纪90年代之后全球化的发展带来的直接影响是不同国籍、种族和文化间的交流变得越来越频繁，这促使西方社会工作专业实践和督导出现新的议题，来自不同文化的社会工作者、服务对象、督导者间的接触成为越来越常见的现象。近10年来，西方社会工作学界对专业实践中的多元文化议题的关注呈现出持续增长的趋势，作为对专业实践的回应，多元文化议题也成为社会工作督导领域无法回避的内容。西方学者对社会工作督导中的多元文化的探索涉及种族、性别、宗教、国际学习经验等多个不同方面（例如，Hair & O'Donoghue，2009；Constantine & Sue，2007；Kissil，Davey & Davey ，2013），主要是讨论如何提升督导中的文化意识和文化敏感性以及督导者对文化问题的关注对督导实践产生的影响等，这也提醒督导者在面对不同文化的督导对象时，需要关注文化的差异性以及不同文化的不同意义解释。

三、中国社会工作督导的发展与挑战

像西方社会工作督导的发展一样，中国社会工作督导的发展也深深扎根于中国社会工作的专业发展中。所不同的是，中国社会工作督导的发展因为受制于20世纪50—80年代专业发展的停滞出现了空白，直到改革开放，特别是2006年中共中央召开了十六届六中全会，作出建设宏大的社会工作人才队伍的战略部署之后，中国社会工作督导才逐渐走向前台，成为中国社会工作专业发展中的重要组成部分。

（一）中国社会工作专业的发展背景

从20世纪20年代中国引入社会工作算起，社会工作专业在中国的发展也有近百年的历史，不过它的发展之路并不平坦。在20—40年代，西方专业社会工作引入中国并在中国高校中建立起专业的教育培训课程体系。例如，北京大学、南京金陵大学、东吴大学、复旦大学、清华大学等许多中国知名高校开设了与社会工作专业相关的课程。在这一时期，社会工作专业教学实习基地的建设也有长足的发展，其中较有代表性的实践是晏阳初等人在河北定县推行的贫民教育方案，梁漱溟等人在山东邹平县尝试的乡村建设实验以及由一些知识分子成立的“中国福利会”等组织所倡导的乡村改造服务。受到抗日战争和解放战争的影响，这一时期的社会工作服务在难民救济、难民医疗和难民安置等方面发挥了重要作用。1949年新中国成立之后，政府颁布了一系列优抚和拥军优属相关政策，由此产生了具有中国特色的优抚传统的社会工作。在新中国成立初期，党和政府一方面面临自然灾害带来的威胁，另一方面要进行战后重建，因此开展了大规模的社会救济、就业安置和社会改造等方面的社会工作，社会工作迎来了短暂的发展高潮。

尽管从20世纪20年代至新中国成立初期，社会工作专业教育和实践在中国都有所发展，但是已有文献中对这一时期专业督导实践的介绍则处于空白，主要涉及的是专业实习教师对学生实践进行的指导。到1952年，全国高等教育院系调整之后，取消了社会学、社会工作等专业，中国社会工作进入了长达30余年的停滞期①。在专业停办期间，社会工作的实践仍在继续，不过，此时的社会工作职能直接由政府组织承担。因此，这种状态下的“社会工作”被称为“政府负责的、非专业化

---

① 李宝库，王青山．社会工作在中国［J］．中国社会工作，1994（1）：7－13.

的社会工作”[①]。

1978 年召开党的十一届三中全会使中国进入了社会转型时期，改革开放政策不仅给经济发展和社会发展带来重要的转折，同时也对学术界产生了重要影响。次年，社会学学科得以恢复重建。不过，社会工作的学科恢复要晚一些，直到 1987 年，民政部在北京举行了“社会工作教育论证会”，之后，社会工作的学科地位才得以确立。随后，北京大学、中国人民大学、吉林大学、厦门大学等高校相继创办了社会工作专业。在 90 年代初，相继成立的中国社会工作协会（China Association of Social Workers, CASW）和中国社会工作教育协会（China Association of Social Work Education，CASWE）为中国社会工作专业的发展提供了制度化基础[②]。从此，中国社会工作的发展走向了教学、实践和研究并进的发展方式[③]。

在实践方面，1987 年民政部在武汉召开的全国社区服务工作座谈会中提出建立和完善城市社区服务系统，并在 90 年代初期确立了北京市西城区、杭州市下城区等 26 个国家级试验区，探索符合市场经济发展要求的社区建设管理体制[④]。这种由民政部门牵头，有关部门配合，社区居民和社会成员广泛参与的新型社区建设工作体系为中国专业社会工作的发展提供了土壤。1996 年，上海市政府在浦东新区尝试将社会工作引入社会服务领域。到 1997 年，上海市政府将社会工作专业本科毕业生引进社区和社会福利机构开展专业服务[⑤]。1998 年，由于《社会团体登记管理条例》和《民办非企业单位登记管理暂行条例》的颁布实施，民间组织开始快速发展，一批社会工作者开始进入“草根型”社会组织开展实务工作[⑥]。进入 21 世纪之后，开设社会工作专业的高等院校数目增加到

---

① 王思斌．中国社会工作的经验和发展［J］．中国社会科学，1995（2）：97－106.

② 王思斌．社会工作导论［M］．北京：高等教育出版社，2013：58.

③ 童敏，张剑．社会工作基础知识［M］．北京：中国社会出版社，2015：14.

④ 浦兴祖．上海行政学界研讨大城市“两级政府，三级管理”体制［J］．中国行政管理，1996（6）.

⑤ 童敏，张剑．社会工作基础知识［M］．北京：中国社会出版社，2015：15.

⑥ 同上.

300余所，社会工作机构以及社会工作人才数量亦不断扩大，社会工作专业服务逐渐扩展到家庭、社区、学校、精神健康、禁毒、矫正、老年人照护等多个不同领域，中国社会工作的发展进入了专业化和职业化并进的时期。

（二）专业化与职业化并进时期的督导实践（20世纪90年代至今）

通过对中国社会工作专业发展的简要回顾不难发现，中国社会工作的发展路径与西方国家有所不同，西方社会工作发展是“实践先行”，即专业实践先于教育，在实务经验积累到一定程度之后，得到社会认可，专业人才的数量和质量提升的需求随之增加，专业教育得到了发展，而专业教育的发展又反过来助力专业实践的发展。中国社会工作的发展则不同，是“教育先行”，即社会工作教育先于专业实践，在社会工作专业教育的推动下，才出现社会工作专业实践的发展，教育走在了专业实践之前。

受专业发展路径的影响，中国社会工作督导的发展也体现出教育先行的特点。特别是在21世纪最初几年里，开设社会工作专业的院校在初步完成了自身的专业建设的基础上，结合社会工作专业实习的要求，许多社会工作专业教师投入社会工作的专业实践中，或者直接参与一线服务，或者作为实习督导指导学生开展专业服务，甚至有一些社会工作专业教师还走出高校开办社会工作服务机构，为社会工作专业学生提供专业实践和就业机会。近10年是中国本土社会工作服务机构的开创期，不同社会工作领域的服务机构如雨后春笋，得到迅猛发展，但是由于大多数服务机构在此时尚处于起步阶段，面临着一线社会工作队伍的组建、社会工作者专业服务能力的提升以及机构政策和规章制度的制定等多方面的挑战，于是，一些社会工作服务机构尝试与内地的高校社会工作专业或者港台地区的高校和社会服务机构建立合作关系，通过聘请专业教师或者港台地区的社会工作督导者作为机构的外部督导，参与机构的组织建设、人才培养以及一线社会工作者的专业服务指导等不同方面的工作。

在中国社会工作督导的发展历程中，一个重要的年份是2006年，在这一年中共中央召开了十六届六中全会，作出建设宏大的社会工作人才队伍的战略部署。之后，全国各地纷纷开展社会工作人才队伍的建设，一线社会工作的服务技能、专业服务品质的要求也随之不断提升，这些改变直接影响中国本土社会工作专业督导人才的发展。虽然高校教师和境外督导在一定程度上可以满足一线社会工作者实务技能提升和机构发展的需求，但境外经验与本地实践处境的差异、高校教师实务经验的欠缺以及投入时间的不足等问题对建立一种可持续的、长期有效的督导机制造成了阻碍[①]。这样，培养本土社会工作督导人才就成为迫在眉睫的专业发展任务。在2012年，中央组织部、民政部等19部委联合发布的《社会工作专业人才队伍建设中长期规划（2011—2020年）》中提出，到2020年，我国计划培养8万名专业督导人才。截至2017年，已有广东省、福建省、四川省、安徽省、浙江省等多个省份以及北京、上海等市先后开展了中国本土督导培育工作。一些地区（如广州、深圳等）还发布了关于社会工作督导人才资质认定以及薪酬体系等相关制度。

虽然近几年来我国社会工作督导的发展逐渐受到重视，但是相对于西方来说，我国的社会工作督导还处于起步阶段，不论是从本土督导者的实践经验，还是有关本土社会工作督导的研究和理论模式探索方面，都有待突破和提升，尤其是在专业服务机构的数量和一线社会工作者人数不断增加的情况下，有关中国本土社会工作督导的知识体系、制度体系和资质认定等方面都需要进一步的开拓和完善，都需要依赖社会工作学界和实务界的共同探索。

第二节　社会工作督导的含义及相关概念

“督导”并不是社会工作专业所特有的，像心理治疗、护理、教育和管理等其他职业都存在督导。在上一节中通过对社会工作督导的历史演变

① 齐华栋，沈文伟．社会工作机构督导培养路径选择［J］．社会工作，2012(8)：31－33.

与发展过程的简要介绍，向大家展现了督导在社会工作专业中的由来以及与专业实践之间的交互影响的发展历程。接下来，在本节中将以社会工作督导的历史发展为背景，进一步对社会工作督导的含义、相关概念以及存在的必要性进行介绍。

一、社会工作督导的基本内涵

对社会工作督导的基本内涵进行界定并不是一件容易的事情，因为社会工作专业服务的多样性和服务机构机制的差异性，使得不同的学者对社会工作督导的理解具有不同的观点，他们对督导目的的理解也不尽相同。也正因为如此，在社会工作的文献中对社会工作督导经常也有不同的称谓，有的称临床督导（clinical supervision），有的叫一线经理督导（line manager supervision），也有的称职业督导（professional supervision）或者员工督导（staff supervision）等。显然，不同的学者对此理解的角度和关注的重点是不同的。尽管如此，仍然有一些学者尝试从不同角度来给社会工作督导下定义，以使人们能够了解和掌握社会工作督导的基本内涵。

在现有的定义中，经常被引用的是卡杜山（Kadushin）给社会工作督导所下的定义，他认为社会工作督导是行政、支持和教育三种功能的组合，他还结合督导者的角色职能将社会工作督导界定为："社会工作督导者是机构中的行政管理人员，该行政管理人员有权力对他所主管的受督导者的工作进行指导、协调、提升和评估。在行使这一职责的过程中，督导员与受督导者要建立积极的关系，并通过彼此的互动来实现督导的行政性功能、教育性功能和支持性功能。督导者的终极目标是依照机构的政策，遵循机构的处理方案，为机构的服务对象尽力提供在数量上最多、在质量上最好的服务。尽管督导者不向服务对象提供直接的服务，然而他们可以通过对直接服务的工作者给予影响来间接地提升服务水平。"①

---

① 阿尔弗雷多·卡杜山，丹尼尔·哈克尼斯．社会工作督导［M］．隋玉杰，等，译．北京：中国人民大学出版社，2008：19.

与卡杜山不同，莫里森并没有特别强调督导者的角色，他认为："督导是一个过程，它是由机构授权一名员工和另外一名员工一起工作的职责。目的是满足机构的专业化和个性化的服务目标，以实现最佳的服务成效。这些目的和功能包括：①合格并且负责任地执行（行政/规范功能）；② 职业的继续发展（发展/形成功能）；③个人支持（支持/恢复功能）；④个人融入组织（调解功能）。"①同样将社会工作督导界定为一个过程的还有英国社会工作者协会（British Association of Social Workers，BASW），BASW 强调："社会工作督导是一个组织为社会工作者提供支持和指导的过程。督导的目的是帮助和支持社会工作者建立有效的职业关系、发展良好的专业实践、促进决策中专业判断力和辨别力的发挥。"②此外，也有学者从督导过程中所发生的内在改变来确定督导的内涵，认为督导是一个促进反思和学习的场域，它是指："发生在督导者与至少一个人之间的互动对话，这一对话形成了专业实践者对实践的回顾、反思、批判和补充的过程。"③

美国社会工作者协会（National Association of Social Work，NASW）在 2013 年版的《社会工作督导的最佳实践标准》（Best Practice Standards in Social Work Supervision，2013）中，将专业督导定义为督导者与受督导者之间的关系，在这种关系中双方有责任和义务促进专业能力和服务态度的改善以及对实践中的伦理问题进行审视。督导者有责任对受督导者在实务场景中所需的社会工作理论、标准知识、技巧、能力以及适当的伦理内容给予指导。在督导的合作过程中，无论督导者还是受督导者都需要承担起督导角色所赋予的责任。

以上几种不同的定义从不同的侧面对"社会工作督导是什么"进行了

---

① Jane Wonnacott. 社会工作督导［M］. 赵环，魏雯倩，等，译. 上海：华东理工大学出版社，2015：12.

② BASW/COSW：Research on supervision in social work，with particular reference to supervision practice in multi disciplinary teams，2012.

③ Davys，A.，Beddoe，L. *Best practice in professional supervision：A guide for the helping professions.* Jessica Kingsley Publishers，2010：11.

解释，例如，卡杜山的定义倾向于从督导者与受督导者两者之间的二元互动关系来理解督导，并且详尽描述了督导者的职责和任务；莫里森和英国社会工作者协会的定义则将督导视为一个过程，而不是某一事件①，不同于把督导者与受督导者之间的二元互动作为督导内涵的观点；美国社会工作者协会和戴维斯等人的界定则将督导的内涵与实务场域中的指导紧密联系起来，并且介绍了社会工作督导需要指导实务的相关内容。这些不同的侧面实际上反映的是从狭义和广义两个层面理解督导的要求。从狭义层面来看，督导是督导者与受督导者之间的互动；从更广的层面来理解，督导过程不仅是督导者与社会工作者之间的二元互动，更是一种同时涉及服务机构、同事以及服务对象之间的多面向的互动过程，甚至需要在具体的文化处境中对督导的功能、特征、关系等要素进行探究②。显然，由于督导涉及多个不同的层面和多个不同的主体，从不同的角度、不同层面审视督导，便会出现多对督导定义的解释。同时，随着社会工作专业知识的发展，社会工作督导的定义也会不断“推陈出新”，很难达成固定不变的统一的定义。

基于此，在给社会工作督导进行界定时，就需要选择一个特定的角度对社会工作督导的相关内容进行梳理。由于中西方社会工作的专业发展和实践路径存在着不同，而社会工作督导又与社会工作专业实践的发展状况密切相关，因此，本书倾向于将社会工作督导放在本土实践的现实状况中，结合西方专业督导知识的发展脉络，来阐述社会工作督导的内涵。正是基于这样的考虑，可以把社会工作督导定义为：它是一个多维度的互动过程和持续学习发生的场域，在这个过程中督导者与受督导者就专业实践、机构发展、工作绩效和个人成长等相关议题进行讨论、审视和反思，从而帮助受督导者实现理论知识与专业实践的协同发展以及服务经验与专业自我的整合，最终推动社会工作的专业发展和服务品质的提升。

---

① Jane Wonnacott. 社会工作督导［M］. 赵环，魏雯倩，等，译. 上海：华东理工大学出版社，2015：12.

② Tsui, M. S. Adventures in re - searching the features of social work supervision in Hong Kong. *Qualitative Social Work*, 2008, 7 (3), 349 - 362.

二、督导者与受督导者

督导过程的最直接参与者是督导者与受督导者（通常为一线社会工作者）。督导者一般是由机构雇用的，并且根据机构制度安排和行业相关规定为受督导者提供督导服务的人。通常，督导者必须受过充分的专业教育，同时还需要具有丰富的实务工作经验。根据美国社会工作者协会的解释，社会工作督导者承担着三重角色：传授临床知识与技能的教育者、直接服务的实践者以及服务机构的行政管理者。当然，不同的国家和地区对社会工作督导者的资质要求有所不同。例如，澳大利亚社会工作者协会（Australian Association of Social Workers，AASW）规定，要成为社会工作督导者必须具备至少2年的相关领域的实践经验、学生实习督导经验。此外，还需要顺利完成由协会批准的社会工作督导课程的最低限度时长的课程培训，或者接受过受督导者的相关领域的基础培训之外的更高层次的教育培训，或者获得高层级的社会工作学位[①]。美国临床社会工作考试委员会（American Board of Examiners In Clinical Social Work）规定，社会工作者在申领督导许可证之前必须接受过一段时间（通常是2年）的督导；高级督导者的申请则需要具备至少5年的临床督导者工作经验。我国香港地区社会工作注册局建议，督导者应该具备不少于5年的相关领域实践经验，而且顺利完成一门社会工作督导课程，他们还鼓励督导者接受相关实践领域或者服务干预方法的更深层次的培训[②]。

最近几年，我国的广东省、福建省和深圳市等地也出台了督导者资质认定标准。如深圳市社会工作者协会在2015年和2016年分别出台了《深圳市社会工作督导管理办法》和《深圳市社会工作者中级督导选拔办法（试行）》等文件，规定深圳市初级督导者至少需具备3—5年的一线实践经验，中级督导者需要拥有2年以上初级督导经验。尽管不同国

① AASW：Practice Standards for Social Workers：Supervision，2000.
② Social Workers Registration Board：Guidelines for Social Work Supervision，2009.

家和地区对督导者的资质认定有不同的要求，但是一般都假定，相对于受督导者来说，督导者具有更丰富的专业经验、知识和技能，认为如果缺乏基本的社会工作实践经验，督导者就不可能对社会工作理论和实践进行综合理解。

受督导者通常是指接受督导的人，一般是指服务机构中直接参与一线服务的社会工作者，也可能包括社会工作实习生或非专业的志愿工作人员。不过，值得注意的是，不同经验的社会工作者对督导的需求、频率和时长都会有所不同。澳大利亚社会工作者协会对具有不同实务经验的受督导者所需要的督导时长和频率提供了参考性建议（见表1－1）。需要注意的是，督导的责任并非完全由督导者承担，同时还涉及受督导者。在一个良性互动的督导过程中，无论督导者还是受督导者都需要做好积极准备，投入参与督导过程中，并且能够承担督导过程中双方各自的责任，以达到最佳的督导成效。督导者与受督导者之间的良好关系建立在信任、尊重、真诚、开放并且各自具有明晰责任的基础之上。

表1－1　工作经验与督导频率和时长的关系

工作经验类别	建议最低督导频率	建议督导时长
拥有2年及以下工作经验的社会工作专业毕业生	每两周一次，督导形式至少一半为个别督导	60分钟
进入新领域的社会工作者，或者重新回到工作状态的社会工作者	每两周一次	60分钟
拥有2年以上工作经验的社会工作者	每月一次；对于一些不直接与服务对象接触的社会工作者可降低频率至每季度一次	60分钟
社会工作的实习生	每35小时实习需要1.5小时的督导；至少一半形式为个别督导，必要时可以增加非正式督导的频率	

资料来源：AASW：Practice Standards for Social Workers：Supervision，2014.

具体来说，在督导过程中督导者的职责至少包括以下这些内容：对受督导者的预估、干预和评估方案提供指导；评估受督导者在服务过程中对专业概念、理论和原则的理解与运用；维护督导记录；定期评估受督导者的工作绩效；为受督导者提供督导方面所要求（包括评估表格、推荐表格等）的各类文件资料；识别可能会对服务对象或者公众的健康和福利造成威胁的做法；等等。相应地，受督导者在督导过程中至少包括以下这些职责：要熟知督导合同中规定的角色和责任；积极参与督导，提前准备督导过程中可能涉及的相关材料；有责任向督导者披露任何可能影响其服务能力的事宜以及实践中出现的任何涉及道德和安全的相关问题；维护督导记录；等等[①]。当然，督导者与受督导者在督导过程中到底需要承担什么职责，则需要根据具体的督导要求和场景作出适当的调整。

三、社会工作督导的意义

目前在社会工作领域基本上已达成这样一种共识：督导对于社会工作者、服务机构、社会工作专业发展和服务成效改善有积极的影响。一些相关经验研究也从不同层面证明了督导的积极意义，如有效的专业督导是促进社会工作者继续留在社会工作岗位工作的重要影响因素之一；由可信赖的督导关系所提供的情感支持有助于缓解工作压力，提高工作的满意度；督导过程中的问题解决（problem - solving）与服务对象的目标实现两者之间存在直接因果关联[②]。综合来说，社会工作督导对社会工作专业实践的意义主要体现在以下三个方面。

一是社会工作督导可以促进社会工作者能力的提升和专业知识的积累。社会工作者的服务并非简单易行，他们处理着不同服务对象在不同生活情境中的各类问题。尽管在一些情况下，依据现有的理论与实务模

① López, S. A. Paving the Way to Best Practices in Clinical Supervision. NASW Texas Annual Conference, 2015.

② 关于督导的积极作用，国外已有许多研究成果，也有学者对相关研究进行了综述，例如 Bogo & McKnight, 2006; O'Donoghue & Tsui, 2013。

式能够为实践提供指导，帮助服务对象解决面临的困扰，但是也有一些情况下，由于实际生活中的不确定性和变动性，常常使得社会工作者很难作出准确的专业判断。这个时候，社会工作者就需要运用新的知识、技能以及情感支持来应对实践处境中不断变化的各种难题。督导的存在为社会工作者提供了一个对自己的工作进行回顾、审视和反思的机会，让社会工作者可以在一个“不担心指责”的轻松、信任的氛围中学习和交流。在这样的督导过程中，社会工作者可以袒露自己的困惑、想法和感受，而督导者可以通过与社会工作者的直接对话，与社会工作者一起寻找在实务工作中的“临床问题缺口”①，协助社会工作者学习解决这些问题所需要的技能，调整负面的情绪，学会勇敢面对不断变化中的专业环境。

二是社会工作督导有助于维持服务机构各系统间的良性互动。从工作的任务取向来看，服务机构中存在着专业系统和行政系统两大子系统。专业系统的运作逻辑是以服务对象为导向的，目的是满足服务对象的需求；而行政系统的运作逻辑是任务效率为取向的，目的是保障服务的成效。当两者产生冲突时，就会让受督导者产生压力，影响受督导者的情绪，削弱受督导者的工作动力。作为两个系统之间缓冲的督导，可以从整体的角度去识别问题的潜在原因，了解两个系统之间的相互影响，及时调节不良的互动状态，进而促进机构的专业服务与行政工作之间的平衡，为一线社会工作者创造积极良好的工作氛围。

三是保障服务对象的权益和服务的品质。虽然服务对象不是督导过程的直接参与者，但是服务对象也是督导过程的最终受益方。社会工作者在专业实践中不可避免地需要作出某些决策，如对服务对象问题的评估以及问题背后原因的推理、干预过程中对相关理论与技巧的选择和运用、面临伦理困境时的抉择等。这些影响服务对象权益和服务的品质就会通过受督导者的交流，成为督导过程中督导者与受督导者一起讨论探究的议题。正

① “临床问题缺口”是指社会工作者在实际的实务工作中遇到现有的知识与技巧不足以应对目前面临的问题的部分。

是借助督导的过程，督导者与从事一线社会工作服务的受督导者一起对专业服务过程中的各个方面进行回顾和审视，让受督导者能够厘清自己在专业实践过程中作出某种抉择的原因和自己所持的观察视角，从而协助受督导者找到实务处境中更有效的应对方式，保障服务对象的合理权益，提升专业服务的品质。

第三节　社会工作督导的功能、类型与任务

早期许多学者将督导概念化为履行社会工作实践所需要的一些功能。督导的三大传统功能——行政、教育和支持——已被广泛阐述和引用，相应地，对于督导的类型与任务的界定也大多是基于督导的功能定位。在本节中，首先介绍传统的督导三大功能，之后对相互之间关联紧密的督导功能、类型与任务进行讨论，把督导功能视为一个处于动态发展过程中的元素，像督导类型与任务一样，在不同的实践处境中呈现出不同的表现方式。

一、社会工作督导的功能

对督导功能的讨论可以追溯至 1926 年，道森曾指出，督导的功能包括行政（administration）、教学（teaching）和助人（helping）[①]。之后，不断有学者对督导的这三项功能进行调查和验证，提出与其类似的分类，并且进一步明确了各个功能的主要任务和内容。其中，最为人们所熟知的是卡杜山在 1976 年前后通过大规模问卷调查和反复验证得出的结论：督导的功能包括行政性的（adiministrative）、教育性的（educative）和支持性的（supportive）三个方面。督导的行政功能是指服务任务分配和安排方面的

① Egan V R. Social work supervision practice in Australia: does the rhetoric match the practice? [D]. The University of Melbourne, 2012.

指导，督导的教育功能是指服务技巧和方法方面的指导，督导的支持功能则是指情感关怀和支持方面的指导。这三大督导的功能在社会工作督导的发展过程中产生了重要影响，而且得到了广泛认可，因此它们也被称为社会工作督导的三大传统功能。

尽管督导的三大传统功能得到普遍认可，但是也有学者认为，行政、教育和支持这三种功能并不能完全涵盖社会工作督导的所有功能，实际上，督导具有四种功能：行政功能、发展功能、支持功能和调节（mediation）功能。显然，前三个督导功能其实分别对应着三大传统督导功能，而调节功能则反映出督导在协调人事、管理服务和澄清团队角色分工方法的职责。不过，也有学者并不认同对督导功能的三种划分，像佩思和利奇就是其中的代表，他们认为社会工作督导其实只有两种功能——行政/管理及规范功能和专业/临床功能[①][②]，即一种是促进服务任务的组织，另一种是保障服务技能的提升。至于情感支持，它并不是一个独立的社会工作督导功能，而是督导行政功能和临床功能实现的协助手段，起着辅助的作用。

在以上的督导功能分类中，都存在这样一个前提的假设，即社会工作督导的最终目的是促进服务对象的福祉。不过，需要注意的是，这些督导功能分类都是从督导的直接参与者（督导者、受督导者）角度出发来讨论督导功能的。到20世纪90年代的后期，服务机构督导功能的三角模型说（a triangulated model of supervisory functions）兴起，该模型认为社会工作督导实际发挥着管理服务输送、关注实践者的工作和促进实践者的专业发展三项功能。在这三项功能中，“管理服务输送”功能是协助服务机构落实相关政策、法律法规以及自身制定的规定和协议等，是对服务的质量和数量的把控；关注实践者的工作和促进实践者的专业发展的功能则是鼓励督

---

① Payne, M. Personal supervision in social work. In A. Connor & S. Black (Eds.), *Performance Review and Quality in Social Care*. London: Jessica Kingsley Publishers, 1994: 43–58.

② Rich, P. The form, function, and content of clinical supervision: An integrated model. The Clinical Supervisor, 1993, 11 (1), 137–178.

导者与受督导者一起对帮助服务对象的实践工作进行反思和探讨，确保服务的品质以及专业的可持续发展①。该模式的主要代表人物是休斯和彭杰利，他们以三角形的图式来呈现三项督导功能之间的互相影响、相互促进和相互支持的现状（见图1－1）。三角形图式体现出来的是，这三项督导功能缺一不可，它们相互影响，一起促成平衡状态的实现。这三角模式督导功能的描述与其他督导功能的论述不同，它是将督导过程的直接参与者（督导者、受督导者）与服务使用者（服务对象）相互结合起来一起考察的。此外，三角模型认为，“支持”不是督导的一种功能，而是督导的工具，不论在哪种功能中，提供支持都是必要的。也就是说，督导者随时都需要提供“支持功能”，它不是要不要的问题，而是何时以及怎样提供恰当支持的问题。之后，戴维斯和贝多在三角模式的基础上提出，“支持”是督导过程中必不可少的元素，而且受督导者是“处在支持性的督导过程中的主动的参与者”②。

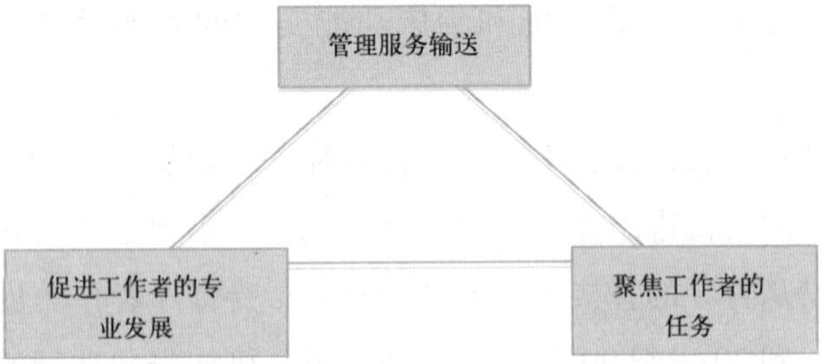

图1－1 督导功能的三角模式（Hughes & Pengelly，1997）

资料来源：Davys，A.，Beddoe，L. 社工督导：理论与实务［M］. 曾焕裕，刘晓春，译. 台北：洪叶文化事业有限公司，2016：20.

豪和格雷同样赞同在督导中，支持不是功能而是核心条件的观点，认为这种区分有助于督导者意识到受督导者为提供优质服务所需要的支持需求与其个人发展需求之间的界限。豪和格雷同时指出，从督导工作中处理

① Hughes，L.，& Pengelly，P. *Staff supervision in a turbulent environment：Managing process and task in front－line services.* Jessica Kingsley Publishers，1997：42.

② Davys，A.，Beddoe，L. 社工督导：理论与实务［M］. 曾焕裕，刘晓春，译. 台北：洪叶文化事业有限公司，2016：26.

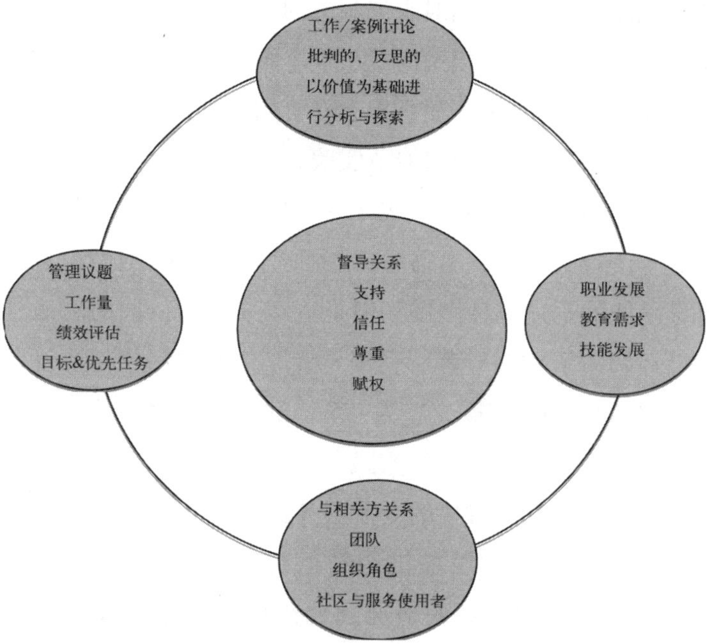

图1-2 督导的任务维度

的任务来看，更能直观体现出督导的多个维度——督导关系、工作/案例讨论、职业发展、与他人关系的构建、管理议题（见图1-2）①。在豪和格雷这个模型中，督导者与受督导者之间的关系是核心维度。督导过程必须建立在对个人尊重和相互信任的环境中，这样督导者与受督导者才能展开良性的互动，以便给予受督导者有力的支持。这个核心维度影响督导的所有方面。工作/案例讨论往往是督导会议的主要重点，但这不仅仅是对上次督导会议以来的事态发展有粗略的了解，它还需要督导者与受督导者进行批判性的反思分析，这对督导者与受督导者来说都是一个在探索中学习的过程。这个维度的目的不仅是要把督导"做"好，更重要的是对社会工作专业实践进行有意义的回顾与检查。督导的管理维度的重要性体现在个人工作与组织层面的联结，督导过程中需要对工作目标、绩效和工作量进行讨论，这不仅涉

① Howe, K., & Gray, I. Effective supervision in social work. Learning Matters, 2012: 20.

及对当前服务的安排，还包括对未来服务的需求或变化的预测，以便提供发展机会来应对这些变化。该模型的最后一个维度是与相关方的关系，即关注到每个人都是处在环境中的，受督导者在机构内外都有许多角色和关系，督导者需要从整体视角出发来思考专业实践和个人发展。

对督导功能的阐释有很多，表 1－2 中列出的只是其中的一些经典分类，为了便于读者的理解，本书对每一种经典分类分别做了介绍。虽然学术界对督导功能的论述多种多样，但是近年来普遍认同的看法是，督导功能的作用已经超出了“督导者、受督导者”之间的直接二元互动，督导已经作为专业服务品质的保障，需要从系统的、多层面的角度考虑如何使督导成效最大化，达到最佳的督导实践。显然，这不仅需要关注服务任务的组织和服务技能的提升等直接的专业服务指导，而且同时还需要关注社会工作者自身的专业发展和服务机构的运行管理等间接的专业服务指导。实际上，在督导过程中遇到的情况远比简单的类型划分更为复杂，不同的督导功能需要相互融合、相互促进，这样才能实现良好的督导成效。如果过度关注其中某项或者某几项督导功能的发挥，则会适得其反。例如，督导的行政功能拥有服务机构赋予的权威和权力，如果过度运用督导的行政功能，就可能妨碍督导关系的建立；而过度强调督导的教育功能，只关注服务的技能培训，就有可能降低社会工作者的自我反思和问题解决的意识。

表 1－2　常见的督导功能分类

类别	提出者/年份	督导功能
三大传统功能	道森，1926 皮特斯，1967	行政功能 教学功能 助人功能
	卡杜山，1976	行政功能 教育功能 支持功能

续表

类别	提出者/年份	督导功能
四功能论	英斯基普 & 布劳科特，1993	规范功能 发展功能 修复功能
	莫里森，2001	行政功能 发展功能 支持功能 调节功能
两种功能	佩思，1994 利奇，1993	行政/管理及规范功能 专业功能/临床功能
三角模式	休斯 & 彭杰利，1997	管理服务输送 促进工作者的专业发展 聚焦工作者的任务

二、社会工作督导的类型

就社会工作督导的类型而言，由于社会工作督导领域的差别以及督导关注焦点和开展形式的不同，导致在实际的工作场景中对社会工作督导类型有不同的理解，加之西方一些学者提倡督导行政功能与临床功能的分化，这些因素交织起来，使得督导的类型划分有所不同。就常见的方式来说，督导的类型大致有以下几种。

从督导开展的形式来划分，常见的督导类型可以分为个别督导和团队督导。个别督导是指督导者与受督导者开展一对一的督导过程；而团队督导则是指督导者针对多名受督导者进行督导，这些受督导者往往来自同一个团队或者同一个项目组，面临相同或者类似的督导议题。

从督导者的工作焦点来区分，可以把社会工作督导分为临床督导和行政督导。临床督导的工作焦点是在专业实践技能的提升上，而行政督导的关注焦点则是在日常行政事务的运作、机构政策制度落实和绩效考核的跟进上。行政督导和临床督导的划分其实是西方督导实践对行政－临床功能分离论的现实尝试，以避免因为督导的行政职能所赋予的权威和权力影响督导关系的建立，从而阻碍督导成效的发挥。

从督导者的来源出发，可以把社会工作督导分为机构内部督导和外部督导。机构内部督导是指机构直接雇用本机构内部的员工作为督导者，为机构的社会工作者或者其他一项服务提供者提供督导服务；外部督导又称为外聘督导，是由机构或者社会工作者本人聘用机构以外的督导者提供督导服务。值得注意的是，在西方的专业实践中，外部督导通常被称作“咨询”或者“咨商”。它与内部督导的区别是，内部督导可以行使机构赋予的权力和责任，而外部督导则提供教育指导和专家意见。在澳大利亚社会工作者协会颁布的社会工作督导实践标准中，把咨询（外部督导）作为机构自身无法提供督导时的替代服务。而在当前我国本土的社会工作专业实践中，外部督导是大多数服务机构中不可或缺的，他们往往发挥着培养机构人才、指导服务项目等影响机构发展的重要作用。已有学者对当前我国本土机构中这两类督导者类型进行了简要概括（见表1－3）。

表1－3　当前中国社会工作机构内部督导与外部督导的优势与弊端

督导者类型		优势	弊端
内部督导	从一线社工发展而来	具有相关服务经验、受过专业训练，了解机构文化及本土实践情况，熟悉机构行政体系，能够给予行政工作指导和情绪支持	专业技能训练可能不足，理论层次的瓶颈需要突破
外部督导	高校社工专业教师	实现理论和实务的结合，能够将社会工作者的培养从学校延伸到机构，使得社会工作人才的训练体系更加完善；注重服务的专业化及社会工作的本土化	面临实务经历的丰富性、工作时间和精力的限制

续表

督导者类型		优势	弊端
外部督导	境外社工督导	能够以专业化角度训练社会工作者发展服务，不仅注重服务的目标，且能关注社会工作者的成长	对本土文化可能缺乏深入的理解，容易出现专业服务与实际情境（如境内的文化传统和社会福利事业的现状）之间的脱离
	专业外督导	能够从其他专业的角度评价社会工作的服务，促进社会工作的发展	没有接受过专业化、系统化的社会工作训练，可能会对社会工作服务的目标和理念认识不深，极易使得机构走向过度“管理主义”

资料来源：齐华栋，沈文伟．社会工作机构督导培养路径选择［J］．社会工作，2012（8）：31－33.

值得注意的是，任何一种督导类型的划分都有其优势和弊端。这就需要督导者、社会工作者和机构管理者通过对机构和督导参与方的了解，制订出预计情况、预期成效与不同督导类型的适配方案。同样，只有机构、社会工作者和督导者都认同社会工作督导的作用与价值，并且能够将社会工作督导放于机构事项的正式议程中，督导的最大效用才有可能得到实现。

三、社会工作督导的工作范畴及主要任务

社会工作督导的工作范围和任务与服务机构采取的督导类型有一定的关系，一定的督导类型也在某种程度上决定了督导发挥的功能、工作范围和关注的焦点。在西方一些发达国家的社会工作督导实践中，有的服务机构采取临床督导与行政督导相分离的设置，以保障督导临床功能的发挥，并且对临床督导工作的范围与任务有较明确的规定。例如，美国临床社会工作考试委员会在发布的临床督导职位声明文件中，将临床督导的主要工作范围限定在直接实践的督导、治疗团队合作的督导、继续学习过程的督导和工作管理的

督导四个方面。不过，这四个方面都是围绕“临床”工作即一线实践工作而展开的，它的主要内容包括：①直接实践的临床督导。它的主要任务涉及对一线社会工作者开展的专业服务过程进行指导，具体包括预估、干预的指导和服务措施的评估以及伦理议题的确定和解决。②治疗团队合作的临床督导。它以服务对象为导向，关注对服务对象治疗/干预有影响的政策和程序的落实，需要指导一线社会工作者在与服务环境中的其他专业人员进行有效沟通。③继续学习的临床督导。它是指督导者指导一线社会工作者发展终身持续专业学习的能力，掌握所需要的技能。④工作管理的临床督导。它的处理焦点是与一线工作相关的事项，涉及临床实践中的记录、报告的撰写、电话处理、案件管理和伦理问题的解决等。

在我国本土的专业实践中，受政府购买服务的推进方式的影响，服务机构中督导的主要工作范围和任务以项目化服务为导向，而且本土服务机构中的督导也较少有临床督导和行政督导的明确职责区分。一般来说，本土督导的工作范围包括项目督导、个人发展督导和工作管理督导三个主要方面，其具体任务如下：

项目督导：涉及项目规划与设计的指导、项目实施技术的指导，提升项目工作团队的专业服务能力、协调团队合作过程中的配合问题等。目的是协助项目团队中的工作者掌握服务项目任务的分配、落实以及项目进度的调控和项目成效的评估等方面的技能。

个人发展督导：协助受督导者处理个人的职业生涯规划、压力调节、工作管理等相关议题，包括为项目工作团队的一线社会工作者提供持续的情感支持，以协助他们处理在实务场景中可能出现的压力、无助感和倦怠感等困难。目的是通过提升一线社会工作者的专业能力，促进一线社会工作者思维方式的转变，从关注社会工作专业服务技术的掌握转向专业思维方式的学习，进而提高一线社会工作者实务问题评估和问题解决的能力。

工作管理督导：包括行政任务的安排、授权、委派和跟进，相关文书的审阅，工作绩效的评估，机构政策的落实，专业伦理议题的处理以及机构制定的服务原则的把控。目的是协调、平衡专业技术工作与事务性工作的安排，进而保证社会工作者的服务品质、效率和效益。

本章小结

社会工作督导的发展是与社会工作的专业发展相互依存的，它们相互影响、相互促进。督导实践既是对专业发展过程中面临的困境与挑战的回应，也是推动专业反思和知识创造的过程。本章主要介绍了西方社会工作督导与中国社会工作督导的发展历史，并对社会工作督导的相关概念、功能、意义及主要任务进行了简要概述。通过本章的介绍可以发现，在专业发展脉络的影响下，中西方社会工作督导的各个时期的实践情况和知识发展状况以及中西方督导发展状况存在明显的差异，这些差异体现在发展路径、实践状况、工作范畴及任务等不同方面，使督导的内涵也有所不同，倾向于把督导视为一个在实践环境中不断学习的过程。此外，在介绍督导功能时，重点描述了西方学者对有关督导功能划分的争论，期望读者能够认识到“督导”也是一个在不断发展和建设的知识体系。这样的认识有助于帮助我们通过对西方已有知识的批判、反思，探寻适用于中国本土社会工作专业发展处境的督导模式。

第二章　社会工作督导的伦理原则

社会工作督导也有自己的伦理原则，它是指导督导者与受督导者开展专业督导实践的行为规范指引，它需要实现四个方面的督导功能：保障社会工作专业服务的品质，促进受督导者个人的专业成长，监管和评估受督导者的工作表现以及给受督导者增能，遵守互相尊重原则、社会公正原则、最佳利益原则和专业诚信原则四个方面的原则。不过，在督导的专业实践中，无论督导者还是受督导者都会遭遇不同形式的督导困境，需要及时处理，也有可参考的步骤可以遵循。

第一节　社会工作督导伦理

社会工作专业伦理是一整套指导社会工作从事人员正确履行责任和义务并预防道德风险的行为规范。社会工作专业伦理是从社会工作价值观中推导出来的，它来源于社会工作价值观并且与价值观保持一致，是社会工作价值观的具体化。在服务实践中，社会工作专业伦理是通过具体的服务和实践过程体现的，而社会工作督导伦理主要指督导者作为资深的社会工作者在督导时所要遵守的专业伦理。

一、伦理与督导伦理

伦理是一种用来辨别人们行为的善恶、调整人们行为规范的道德标准，它与道德、价值等描述人们行为准则的概念有着紧密的联系。人们常常将这些概念混淆在一起，甚至有时相互替代。

（一）什么是伦理

在中国，伦理一词最早出现于《礼记·乐记》中："凡音者，生于人心者也；乐者，通伦理也。"这里的伦就是指人伦，理是指道理或物理。在《孟子·离娄篇》中对于"伦"的解释是"正也或序也"。《荀子·解蔽篇》中则对伦理的注解是"道也理也"。因此可以看出，伦理是对人的行为的规范，指人的行为表现必须符合条理或标准。在西方，伦理一词源出于希腊语 ethos 或 ethichos，其含义是指习惯、风俗、品性或气质，其最初的含义是从个人的习惯、风俗、品性或气质开始，然后推至家庭、社会关系，形成团队生活的共同信念与行为准则。伦理是指一种哲学思想或道德标准，用来辨别行为的善与恶，是人们基于生存和发展的需要，自觉地建立起来的一种行为的共识。

（二）伦理与道德、价值之间的关系

1. 伦理与道德

道德既可以指社会的风俗习惯和传统，也可以指一种与人类生活中是非、对错、好坏有关的价值。道德与伦理这两个概念大致相同，经常可以互换使用，伦理学的研究对象就包括道德。但从其语源和日常用法来看，这两个概念还是有些细微的区别。道德更多地用于人，更含有主观、主体、个人、个体意味，含有较为浓厚的自我主义和强调主体观点的痕迹。在指称现象、问题的时候比较多地使用"道德"这个概念。伦理这个概念更具客观、客体、社会、团队的意味，伦理可以是低层次的、外在的、类似于法律的东西，也可以是高层次的、综合了主客观的、体现了人或民族的精神本质的、可以在其中居留的东西。当表示规范、理论的时候，更多地使用"伦理"这个概念。道德更侧重于主观、内在和个人，而伦理更强调客观、外在和社会①。

① 何怀宏. 伦理学是什么［M］. 北京：北京大学出版社，2015：10－15.

2. 伦理与价值

关于价值的概念有不同的理解，有学者将价值界定为一个评价事物的标准，如利诺认为价值就是某一概念中行为变为评价的对象，持某一通用的标准以评估这个对象，或是用来作为行为选择的一般指引或标准。也有学者将价值视作一种信念，如罗克奇认为价值是一种持久的信念，在这种信念的影响下，个人或团队偏爱某种特定的行为方式和存在的目标状态。赖维认为伦理是由价值演绎而来，伦理是价值的行动。徐震、林万亿认为伦理的具体核心内涵为价值，通过价值而成为某种行为是非判断的依据或行动进退的指针。

价值这个概念比伦理和道德更加宽泛，在范围上伦理学和道德哲学同义，都属于价值论的一部分。价值更加关注于理论和抽象的认知行为的评价标准，而伦理和道德则更强调实际运用时行为上的判断标准。在本质上，价值、道德和伦理三者的含义是可以互通的①。

（三）督导者与社会工作伦理

社会工作伦理是社会工作依据其哲学信念和价值取向发展而成的一套伦理实施原则，以作为引导与限制助人活动或行为的依据。社会工作伦理是一种专业伦理，它主要规范社会工作者在助人关系中对服务对象、对同事、对所服务的机构、对专业和对社会大众的义务与职责，以确保社会工作能够充分发挥服务的功能和实现自己的使命。社会工作伦理是所有从事社会工作专业的人和机构都要遵守的规范和规则。

督导是社会工作专业服务中非常重要的组成部分，督导的目的是改善社会工作服务的实践品质和服务成效②。督导者通常由社会工作服务机构的资深社会工作者担任，为新入职的社会工作者提供行政管理、专业教育、情感支持和事务协调等方面的服务。督导作为资深的社会工作者，在

---

① 曾华源，等．社会工作专业价值与伦理概论（第二版）［M］．台北：洪叶文化事业有限公司，2011：155－157.

② Jane Wonnacott. 社会工作督导［M］．赵环，魏雯倩，等，译．上海：华东理工大学出版社，2015：4.

提供督导服务时自然要遵守社会工作专业的伦理。由于督导工作的重要性，不同国家和地区的社会工作伦理守则对于督导要遵守的伦理也会单独列举出来加以强调。

（四）社会工作督导伦理的功能

尽管不同的国家和地区对社会工作督导有不同的伦理要求，但是可以看到，就社会工作督导伦理的功能而言，主要涉及四个方面：①保障社会工作专业服务的品质。虽然社会工作督导不是直接服务的过程，但是实际上，通过这样的督导过程将直接影响社会工作专业服务的开展，惠及服务对象的权益，使社会工作能够得到服务对象以及相关方的认可。②促进受督导者个人的专业成长。作为受督导者也只有通过具体的专业服务的指导过程，即督导过程，才能够发现自己的不足，提升自己的专业能力，促进社会工作专业服务品质的提升。③监管和评估受督导者的工作表现。由于社会工作专业服务的开展是一件非常复杂的工作，特别是涉及一些复杂的问题时，情况更是如此，它不仅涉及专业服务是否能够顺利推进，而且同时还涉及社会管理的责任是否能够承担起来，这样作为社会工作督导就需要承担“看门人”的角色，监管受督导者的专业服务开展情况，并且需要对受督导者的工作表现进行评估。④给受督导者增能。受督导者作为社会工作专业服务的实施者，在专业服务过程中会遭遇很多困惑和问题，内心也会出现紧张和不安。社会工作督导就有了这样一种功能要求，帮助受督导者感受到自己的能力感，特别是在专业服务遇到阻碍和内心感到困惑的时候，通过督导提升受督导者的能力感，使受督导者能够承担起不断探索和创新社会工作专业服务的责任①。

总之，虽然社会工作督导不是社会工作的直接服务过程，只是作为社会工作直接服务的重要支持，它是社会工作专业服务开展过程中不可或缺的部分，通过督导者与受督导者之间的相互影响，能够保障和促进社会工作专业服务的品质。也就是说，社会工作督导伦理具有了四个方面的主要

① Corey, G. , Corey, M. S. & Callanan, P. Issues & ethics in the helping professions.（8th Edition）. Pacific Grove, CA：Brooks/Cole Publishing，2011：24.

功能，即保障社会工作专业服务的品质、促进受督导者个人的专业成长、监管和评估受督导者的工作表现以及给受督导者增能，其中，保障社会工作专业服务的品质是最核心的功能要求。

二、社会工作督导伦理的主要内容

尽管不同国家和地区对社会工作督导伦理的内容有不同的规定和理解，但它们都是围绕着社会工作督导希望实现的四个主要功能来制定的，主要涉及伦理议题的明确、伦理决定的尝试、专业界限的保持以及督导责任的承担等不同的方面。

（一）美国全国社会工作者协会伦理守则中关于督导伦理的内容

美国全国社会工作者协会在制定的伦理守则中对于督导者所要遵守的伦理提及得比较多。在社会工作者对同事的伦理责任中关于性关系的论述上指出："承担督导或教育职责的社会工作者，不得与受督导者、学生、受培训人员或其他行使专业管辖权的同事发生性关系，或有性接触。"在社会工作者对工作机构的伦理责任中专门列出督导和咨询，用四个条款对于督导伦理进行了规定：一是提供督导和咨询的社会工作者应具备担当这一工作所必需的知识和技巧，并就自己的知识和能力所及进行督导和咨询；二是提供督导和咨询的社会工作者有责任设立清晰、适当和具有文化敏感性的工作界限；三是社会工作者不得与受督导者保持双重或多重关系，以规避对其造成盘剥或伤害；四是提供督导的社会工作者应以公正、尊重的态度评估受督导者的表现。

（二）加拿大社会工作人员守则中关于督导伦理的内容

加拿大的社会工作督导伦理是依据加拿大社会工作者协会制定的社会工作伦理准则而作的相关规定，它要求社会工作者依据这样的伦理准则开展社会工作的督导。这些社会工作督导伦理的核心包括六个方面：第一，尊重人的内在尊严和价值；第二，追求社会正义；第三，服务于人类；第四，保持专业实践中的诚信；第五，坚持专业实践的保密性，建立保护服务对象资料的政策和工作规范；第六，不断提高专业实践能力①。

（三）澳大利亚社会工作者协会督导标准中的督导伦理内容

澳大利亚在2014年制定了督导实务标准，这个标准分为九个部分，对于督导的定义、督导的功能、督导的过程、对实习学生的督导、对实务工作者的督导等都进行了明确的规定。比如，督导者在建立督导关系时要维护伦理责任等。其核心围绕着三个方面的督导伦理要求：第一，尊重个人，需要督导者尝试去理解督导过程中涉及的不同人的不同观点；第二，维护社会正义，需要督导者关注那些处于不利社会处境中而且比较脆弱或者容易受伤害、受到压迫的困难群体；第三，秉持专业诚信，需要督导者做到诚实、透明、可靠、同理，并且具有自我反思意识和辨别能力，能够维持信任的专业关系和承担服务的承诺②。

（四）中国香港特别行政区社会工作者注册局关于督导伦理的内容

香港特别行政区社会工作者注册局发布的社会工作者工作守则中规定：社会工作者应采取合理及适当的措施，去协助他所督导的员工以及协助他提供服务的人员（包括义工），不会因抵触这些工作守则而引致服务对象的利益受损。2009年香港特别行政区社会工作者注册局又专门制定了督导指引，对于督导的概念、作用、功能、机构的原则以及督导者的资格条件等作了详细的规定。

（五）深圳市社工督导人员工作职责中关于督导伦理的相关内容

深圳市在督导人才队伍建设中走在全国的前列，其督导人才队伍包括督导者、见习督导和督导助理三个级别的社会工作者，督导者又分为高级、中级和初级三个类别。适应于我国社会工作督导发展的实际情况，深圳市对于督导伦理的规定主要以职责的方式体现，主要分为四个层面：第

---

① 加拿大社会工作联合会．社会工作实务督导标准的论述：Newfoundland and Labrador Association of Social Workers（2011）Canada – Standards for Supervision of Social Work Practice，2011.

② 澳大利亚社会工作者协会．社会工作者督导标准的论述：Australian Association of Social Workers（2014）Supervision Standards，2014.

一是督导者对见习督导的职责。主要包括：制订见习督导个人成长方案，并跟踪落实；对见习督导的工作进行绩效考核和评估；指引见习督导介入督导助理个人成长方案的实现，协助其提升统筹管理、实务操作等能力；指导见习督导具体完成对督导助理和一线社会工作者的服务记录、总结的审阅、批复等；对见习督导进行情绪上的支持和压力缓解等。第二是督导者对督导助理负有的职责，主要包括：制订督导助理的个人成长方案；与见习督导一起在实务操作上给予督导助理相应的指导。第三是督导者对一线社会工作者负有的职责，主要包括：根据见习督导、督导助理反馈的情况，策划并组织实施一线社会工作者系统培训方案；根据所督导领域的实际情况，与相同领域内的督导者协商，统一制定该领域内的各类记录表格，制定督导者、见习督导、督导助理、一线社会工作者之间的工作程序；定期召开督导小组会议；介入由一线社会工作者转介但见习督导和督导助理无法处理的疑难个案和复杂情况。第四是督导者对社会工作服务机构、用人单位及社会工作行业负有的职责，主要包括：代表其所负责的团队，对现有的问题和情况进行总结，提出具体建议，反馈给用人单位及行业协会等相关单位；参与机构服务质量评估，对机构项目进行质量审核等；根据实际需求，与用人单位及行业协会沟通协调，调整服务方案，优化服务结构；负责机构领域内业务方向的设计、规划，监督规范其所负责领域的工作程序等。

（六）社会工作督导伦理的基本内容

尽管各个国家和地区都根据自己的实际情况制定了不同的社会工作督导伦理的标准，但是可以发现，这些督导伦理的标准都是为了实现社会工作督导所需要承担的四个方面的主要功能而制定的，主要涉及以下四个方面的基本内容：第一，明确伦理议题。伦理的难题是社会工作督导过程中不可回避的现象，无论督导者还是受督导者都可能面临，明确社会工作督导过程中可能遭遇的伦理难题是社会工作督导伦理首先需要确定的。这样，既可以保证督导者与受督导者正确对待督导中的伦理难题，为伦理难题的解决做好准备，也可以避免伦理的“盲区”，忽视社会工作督导过程中的伦理要求，加强督导者与受督导者的伦理敏感性。第二，尝试伦理决定。伦理问题的解决需要通过人们的行动决定和行动尝试，社会工作督导也一样，也需要督导者与受督导者学会作出伦理决定和伦理行动。因而，如何规范督导者与受督导者的伦理决定和伦理行动就成为社会工作督导伦理的核心内容之一，包括如何协商、如何分析、如何判断以及如何评估等，从而能够帮助督导者与受督导者在督导者过程中作出合理的伦理决定。第三，保持专业界限。督导关系是督导者影响受督导者的条件和方式，也是督导过程展开的现实场域，督导关系专业界限的明确和保持，就成为社会工作督导是否能够顺利展开的核心，因此，这一督导议题也就成为社会工作督导伦理的重要内容之一。保持专业界限意味着，无论督导者还是受督导者都需要明确哪些服务内容属于专业界限之内的、哪些服务内容属于专业界限之外的，避免将私人或者其他关系融入专业关系中，妨碍专业服务的推进。第四，承担督导责任。任何一种专业服务关系的建立都意味着责任的承担，社会工作督导也不例外，一旦督导者与受督导者建立了督导关系，就意味着，督导者需要为整个社会工作督导过程负责，包括因不恰当的督导建议而导致的服务对象利益受损，或者因给受督导者分配不恰当的工作任务而导致不良的服务结果等，督导者对社会工作专业服务品质保障负有不可推卸的责任。自然，承担督导责任也就成为社会工作督导伦理的重要内容。如果督导者采用的团队督导的方式，需要同时面对多个受督导者，这个时候，督导者还应具有保持公平态度和平等对待每一个受督导者的伦理责任的要求，避免受督导者因为受到不公平的待遇而受到伤害。此外，由于社会工作是一项高感情投入的专业服务，在专业服务中很容易受到误解和威胁，安全意识的培养就变得非常重要，这不仅是社会工作专业服务的技术要求，同时也是专业伦理的要求。作为督导者也需要在督导的过程中培养受督导者的这项伦理要求，提升受督导者在社会工作专业服务中的安全意识，让受督导者懂得在危险的处境中如何有效应对面临的安全挑战。

三、督导伦理的主要议题

督导的伦理议题在心理咨询与治疗领域探讨比较多。帕特里夏·史蒂文斯提出的伦理问题包括：督导者的责任；督导者的胜任力；督导者需要了解当地法律和伦理条例。哈里特·格劳索夫等人认为，督导的伦理问题包括督导者的准备和继续教育、评估、记录、界限问题和文化胜任力。泰利等人除了提出胜任力和评估以外，还提到了保密和知情同意以及多重关系的问题。珍妮·伯纳德等人将督导的伦理问题分为合法程序、知情同意、职业胜任力和保密四个方面。在这些学者论述的基础上，游琳玉将督导的伦理划分为四个方面：一是督导者的准备，包括督导者的胜任力（包括处置不当）和继续教育，以及对法律和伦理条例、文化多样性的了解；二是评估；三是督导关系，包括界限问题、多重关系、双重关系；四是督导的程序伦理，包括知情同意、保密、督导记录、督导协议等①。

借鉴心理咨询与治疗领域的研究成果，结合社会工作专业中督导发展的实际情况，在社会工作督导过程中的伦理议题主要有以下几点。

（一）督导者的胜任力

督导者应该具备从事督导工作的相应能力，从而保证督导的质量。樊富珉等认为理想的督导者要具备五项条件：一是有专业教育及培训的背景；二是有丰富的实践工作经验；三是有教学的意愿与热情；四是有教授他人的能力；五是有成熟的人格和进取的人生态度。为了保障督导者具有督导工作的胜任力，督导也需要具有一定的资格条件。张威认为督导者要具备两种能力，即工作领域能力与咨询能力。最理想的督导者是既在社会工作领域拥有丰富经验，又具备咨询素质与能力的社会工作者或心理工作者、教育工作者。工作领域能力是指督导者对受督导者的工作领域和工作内容的了解程度，督导者是否了解受督导者所从事的日

① 游琳玉．心理咨询与治疗督导过程中伦理问题的质性研究［D］．北京理工大学，2015：3－4.

常工作，督导者是否具备该工作领域的基本知识（如关于受助者、工作关系、社工机构等方面的知识）。咨询能力是指督导者通过咨询，找出和消除受督导者职业行为中精神层面的障碍（比如阻抗和移情），或者将小组督导中的优势利用起来的能力①。

（二）督导者的职权与权力

职权和权力是督导关系中两个重要的因素，督导者作为机构的管理者或者专业的权威具有一定的职权与权力。权力是控制他人的能力，职权是一种将权力的行使合法化的权利，使权力的行使被认可，拥有的权力被接受也被承认有效。职权是发布指令、行使管控及要求服从的正当权利，是决定他人的行为以及制定引导他人行动决策的权利。弗伦奇和雷文把权力分为五种：奖励的权力、强制的权力、合法的权力、参照的权力和专家的权力。奖励的权力是指督导者有资格决定是否给受督导者有形的报酬，如升迁、涨工资、休假等。强制的权力是指督导者对于受督导者进行惩罚以影响其行为的能力，包括降职、开除等。很多督导者不愿意行使强制的权力。合法的权力是督导者在职位上拥有的权力，是机构的管理层授权督导者履行机构所指派的任务。合法的权力较多用在督导的行政功能方面。参照的权力是指由于受督导者对于督导者的仰慕而产生权力，督导者成为受督导者的重要他人，对受督导者产生影响力。受督导者以督导者作为行为的榜样，希望成为督导者那样的人。专家的权力是指督导者由于在社会工作实务方面具备专门知识而被确认的一种专业的权威。在督导关系中，如果督导者和受督导者不能形成一种彼此相互信任的关系，就会产生权力游戏的问题。在督导者而言，一方面可能会产生弃权游戏，也就是督导者在督导过程中放弃权力的行使，或者将行政决策的责任和专业的投入转让给其他人，督导者可以以“领导不允许”“我好可怜”“我和你们是一伙的”“这个问题很好，你应该继续挖掘更多问题”“你怎么能这么说呢”等借口来放弃自己本应该行使的权力；另一方面是督导者过度行使权力的游戏，

① 张威．社会工作督导的理论与实践分析：国际发展与国内现状［J］．社会工作，2015（3）．

如督导者以“记住谁才是老板”“小心我告发你”“我有经验，听我的没错”“我只是试着帮你”等借口不正当地行使权力。相对于督导者的权力游戏，在督导关系中受督导者也有权力游戏的现象①。在督导关系中督导者与受督导者之间权力游戏经常出现，反映出督导关系的错位和虚假的契合②。对于权力游戏问题，督导者有责任及时识别并防止在督导关系中出现权力游戏现象。

（三）双重或多重关系

在督导过程中，当督导者和受督导者发展了督导关系以外的关系，并且由于这几种关系本质上的互相矛盾而使角色出现问题时，双重或多重关系就发生了。双重关系或多重关系可以分为和性相关的双重关系或多重关系以及与性无关的双重或多重关系。很多国家的社会工作者伦理守则中都对双重或多重关系有明确的规定，对于督导者与受督导者之间的双重关系和多重关系也有严格的规定。督导者与受督导者不能有任何的双重或多重关系，包括通过社交网站或者其他电子媒体产生的双重关系或多重关系，因为这种超越督导关系的双重关系或多重关系可能会对受督导者产生剥削或者潜在的伤害。督导者与受督导者不能有性关系或者性接触，包括语言上的、文字上的或者身体方面的。这种督导关系中双重关系或多重关系的严格规定是为保障督导的顺利进行和质量，也是为了保障处于比较弱势地位的受督导者的利益。

第二节　督导伦理原则的运用

伦理基本原则是指一些一般性指导原则，这些原则被作为伦理学规定和评估人类行为的基本理由，是指导人类行为研究的一组基本伦理规范或

① Ming－Sum，Tsui. 社会工作督导：脉络与概念［M］. 陈秋山，译. 台北：心理出版社有限公司，2008：92－102.

② 顾江霞. 社会工作. 本土化过程中的督导关系分析［J］. 社会福利 .2012（8）.

伦理价值，是行动规则的基础。督导的伦理原则是指在督导过程中所涉及的相关各方都应遵守的基本规范，在伦理守则没有具体规范可以遵循的时候，可以从督导的伦理原则中判定其行为是否符合基本的伦理要求。

一、互相尊重原则

尊重是一个人对自身、对他人、对社会的一种人生态度，是人与人、人与社会、人与自然交往过程中的一种道德评判标准，尊重也是人道主义的基本原则，它要求人们在交往中以平等、诚恳、友好的态度理解他人、尊重他人、关心他人。尊重意味着个体之间生命、基本权利和尊严的平等。尊重是人们进入社会、扩展交往，促进形成良好人际关系的必要条件。尊重的目的就是要形成平等友爱、团结互助、共同发展的人际关系。尊重在社会工作伦理守则中处于非常重要的地位。如在美国社会工作者协会伦理守则中就有很多有关“尊重”的条款。其中，伦理原则价值中专门论述了个人的尊严与价值，即社会工作者尊重个人与生俱来的尊严与价值，要以一种关怀与尊敬的态度对待每个人，留意个别差异和文化及种族的多元性。在伦理标准中，也专门提到了对同事的尊重。澳大利亚社会工作者协会制定的督导标准在核心价值中也把尊重列为重要原则之一。

在督导过程中主要涉及督导者和受督导者，一般理解尊重的原则是规范督导者的，但在督导关系中有些不同，督导者和受督导者都是专业的社会工作者。作为社会工作者，他们都需要遵守作为社会工作的基本伦理原则的尊重。督导者要尊重受督导者，受督导者也要尊重督导者，二者之间应该是一种互相尊重的关系。在督导过程中还会涉及不同督导者之间的关系，这也是一种同事之间的关系，彼此之间也要遵守互相尊重的原则。

互相尊重的原则首先表现为督导过程中的相关方彼此尊重相互的生命。生命安全相对于其他问题来讲是最重要的，因此，“生命至上”也就成了最基本、最重要的原则，居于所有原则之首。尊重一个人首先就要尊重其生命。一个人的基本生存权优先于另一个人的自由权。“尊重生命、使其免于受到伤害”始终是社会工作者应该优先考虑的，也是在督导过程中需要坚持的一个基本原则。互相尊重还表现在督导者和受督导者对于彼此人格的尊重上。社会工作最基本的价值观是承认每个人都有与生俱来的价值和尊严，无论他们过去或目前的行为、信念、生活方法及生活状况如何。因而，在督导过程中，督导者应该积极地追求理解、接受、相信和尊重，使受督导者的人格得到充分的尊重，感受到来自督导者的无差别对待，这样既可以消除他们对督导者的戒备，愿意与督导者建立起信任和谐的关系，还有利于督导工作的进一步开展。另外，对受督导者人格的尊重，也可以使他们重新审视自己，肯定自己的价值，接纳自己并恢复生活的勇气与信心，最终有利于督导目标的实现。同时受督导者对于督导者人格的尊重也会使督导者更加积极地与受督导者建立关系，增强督导的效果。

二、社会公正原则

公正的直接目的是以人们之间的关系的某种程度的均衡合理来维持社会的稳定与秩序。公正一般包括个人公正与社会公正两种。个人公正，既指个人行为的一种根本原则，也指个人的一种优良品德，主要表现为个人在为人处世时，能以当时社会的法律、规章、惯例等为准绳，严格规范自己的行为，正直做事，公允办事，从而保持自己行为的合法性、合理性和正当性。社会公正可以从主观和客观两个方面来理解。

从主观方面来看，所谓社会公正，主要是指对一定社会结构、社会制度、社会关系和社会现象的一种伦理认定和道德评价，具体表现为对一定社会的性质、制度以及相应的法律、法规、章程、惯例等的合理性和合理程度的要求和判断；从客观方面来看，社会公正包含着上述这些内容对稳定、优化社会秩序和促进社会发展的适应性和有效性。个人公正主要用于微观地调节和评价个体之间的道德关系；而社会公正则用于宏观地评价社会的政治、经济结构及其运行机制、领导层的社会决策以及社会总体上的人际关系状况等，调节社会、国家或政府与社会成员之间的关系。与个人公正相比较，社会公正显然具有决定性意义。人类社会的历史，实际上就是一部通过革命或改良，不断地争取建立更为公正的社会秩序的历史。只有在一个公正的社会里，才能建立起普遍的公正和谐的人际关系。

公正是社会工作专业的价值追求之一，在个体公正方面要求社会工作者在提供服务及处理与服务对象、同事之间关系时要以法律、规章、惯例等为准绳，严格规范自己的行为；在社会公正方面，社会工作者把追求建立社会公正的秩序作为专业追求，也作为衡量服务的一个重要的标准。在督导关系中社会公正原则要求督导者要公正地对待受督导者，尊重受督导者各方面的权益。在资源分配、工作安排等方面要坚持一视同仁的原则，保证受督导者学习和成长的基本需要。

三、最佳利益原则

最佳利益原则作为一项法律原则最早出现于家庭法中的“子女最佳利益原则”，主要是为了保护儿童的利益以实现社会的最大利益。为了保护处于弱势地位的没有相应行为能力的群体，最佳利益原则逐渐向其他领域扩张。“最佳利益原则”在英国具有很高的地位，不仅因为其地位的无可争议，更重要的是在代表社会中最困难群体作决定时，该原则被认为是最合理、最客观、最公平的准则。在英国等西方国家，患者最佳利益原则作为医学的核心价值目标居于医患关系的核心部分，并且，在为无相应行为能力患者作出医疗决定时，其被确立为应遵守的法律标准。

督导中的最佳利益原则是指在督导关系和过程中，督导者要维护受督导者的利益。在督导关系中由于督导者对于受督导者在职位上可能存在管理与被管理的上下级关系，在对专业的了解和掌握上也可能存在信息不对称的现象，在资源分配方面也存在不对等的关系，因此虽然不是处在无相应行为能力上，但相比督导者而言，受督导者处于一种比较弱势的位置上。因此督导者要注意在督导过程中以受督导者利益最佳为主要的原则，督导的目标是提升受督导者的服务能力和自身的成长，不能利用督导的权威关系剥削压迫受督导者，乃至对受督导者造成伤害。

四、专业诚信原则

专业诚信是维护现代社会生活秩序的一项基本原则。在工业化和现代化高度发展的社会中，人们之间关系的建立和维持主要依靠的不是血缘或者地缘的个人的私人情感和关系，而是平等对待的专业诚信。它不会因为服务对象的出身、性别、来源等不同而区别对待，也不会因为专业服务中的职业权威操纵整个服务过程，使服务对象的利益受损。专业诚信需要建立在过程的公开、透明化的基础之上，使得任何参与其中的人都能够了解整个服务开展的过程，明了自己的处境，懂得自己的权益以及维护和争取自己权益的方式。

在社会工作督导领域，这种专业诚信不仅表现为让受督导者了解督导者做什么、怎样做以及为什么这样做，而且同时也需要为受督导者提供充分的机会，让他们能够在督导过程中充分表达自己的意见、想法和感受，甚至与督导者不同的看法和观点。当然，对于督导者而言，专业诚信中最为重要的不是向受督导者承诺做什么，而是在督导过程中勇于承担需要自己承担的督导责任，包括同理受督导者的感受和想法、平等对待每一个受督导者、保持整个督导过程的透明性以及不操纵督导过程等。不过，对于督导者，保持专业诚信原则还意味着，需要努力提高自己的专业实践能力。这不仅是督导者个人成长发展的要求，更为重要的是，只有通过不断总结自己的实践经验，创新专业服务，提升自己的专业实践能力，才能实现专业诚信的要求。可见，无论是督导者还是受督导者，专业诚信原则要求他们都要具有一种不断自我反思和自我批判的精神，能够在督导的专业实践中勇敢面对各种挑战，不断完善自己。

第三节 督导的伦理困境

伦理困境是应用伦理学中常用的概念，是指道德主体在进行道德行为选择过程中的两难或多难状态，是行为主体在作道德选择时才有可能会遇到的一种特殊情境。在督导过程和实务中督导者也会面临各种伦理困境。

一、督导伦理困境的含义

伦理困境是道德主体在践行某种行为规则或要求被迫放弃另一种行为规范或要求时，陷入选择困难的状况。从选择过程上来说，根据规则或要求的数量，两个以上的行为规范选择困境称为“多重困境”。从选择结果上来讲，行为主体作出选择之后，是以伤害另一方的义务要求为代价，无法规避道德上的“内疚感”，这就是真正的伦理困境。和伦理困境相似的概念还有伦理议题、伦理问题等。伦理议题是具有伦理特性或因素但不明确涉及需要作出决定的情形，伦理问题是具有伦理特性又要求作出决定但不至于陷入困境的情形，而伦理困境是指既存在伦理因素同时又需要在两个同样不受欢迎且难以预期的选择中作出决定。社会工作伦理困境是指社会工作者在实务工作过程中面临两个或两个以上的价值冲突时，作出两难或多难选择的情形。社会工作伦理困境是社会工作者面临的一种复杂的抉择情境，这种情境里有不同伦理因素的冲突，涉及义务和功利，涉及价值观内部冲突等，无法作出两者或多者兼得的状态，因为任何一种抉择也便意味着失去另一种选择。因为社会工作伦理的特殊性，其强烈的道德色彩意味着这样的两难或多难选择贯穿了实务的全过程①。督导伦理困境就是指督导者在督导过程和实务中面临两个或多个价值冲突时，不得不作出两难或多难选择的情形。

① 相华文．社会工作伦理困境研究［D］．中国矿业大学，2017：22.

二、督导伦理困境的类型

社会工作专业实践过程中的伦理困境涉及个人信息处理、专业关系、价值观冲突、实践原则之间的矛盾等方面的内容。在具体的专业实践中，社会工作督导者面临的主要伦理困境主要是以下几个方面。

（一）由角色冲突引发的督导伦理困境

社会角色是指与人们的某种社会地位、身份相一致的一整套权利、义务的规范与行为模式。它是人们对具体特定身份的人的行为期待，社会角色是构成社会全体或组织的基础。不同的角色设定需要承担相应的义务，同时人们会因为角色的设定产生不同的行为期待。但在现实生活中，人们的角色通常并非是单一的，在多元化的角色承担中，在个体身上可能存在角色间的矛盾与冲突。所谓角色冲突，指在社会角色的扮演中，在角色之间或角色内部发生了矛盾、对立和抵触，妨碍了角色扮演的顺利进行。督导者也扮演着不同的角色，他可能是扮演着机构的管理者角色，或者扮演着学校的教师角色，这些角色与其在督导过程中扮演的督导者角色会有不同程度的冲突。如一名督导者在督导机构的社会工作者时，发现他最近工作没有精神，有时心不在焉，经过沟通了解到他正在复习准备社会工作专业硕士的考试。作为机构的管理者角色，他很希望这名员工能留下来，因为目前机构非常缺乏这样有经验的社会工作者。但受督导者也是这名社会工作者以前的学生，作为老师，他也希望学生能在专业上进一步深造，也理解社会工作者渴望进一步学习的强烈愿望。由此，督导者就会陷入由不同的角色带来的伦理困境。有时即使作为督导者角色，自身也会产生选择的困境，因为督导者承担了不同的职能，如行政的功能、教育的功能、支持的功能和协调的功能等，这些功能也意味着不同的角色分工，有时这些功能角色之间也会产生冲突。也就是督导者在行使行政性职能时，具有的“技术实用主义”特征，其“行政管理和管理控制”的职能与对社会工作者心理支持的功能形成冲突而产生的伦理困境[①]。

（二）由利益冲突引发的督导伦理困境

在当前的社会工作实务大环境下，督导者有时候发现自己会陷入受督导者和机构的利益纠缠之中。当督导者必须在机构利益和受督导者利益孰先孰后中作出选择时也会出现伦理方面的困境。如在一次督导会谈中受督导者告诉督导者，他在最近的社区工作者考试当中被录取，现在正等待面试的通知，社区工作者工作比较稳定，而且工资也比目前社会工作服务机构的工资水平高一些，父母也希望他能够到社区工作，他目前也不知道怎么选择才好。不管是作为机构管理者角色的机构内部督导者，还是受聘于机构的外部督导者，从机构的利益来看让社会工作者继续留在机构工作是适当的，但从受督导者的利益来看，可能到社区工作更能满足家庭的期望和要求。

（三）由规范冲突引发的督导伦理困境

不同的场域有不同的规范，这些规范有可能是相互冲突的，这些冲突也会给督导者在督导过程中带来伦理困境。最常见的就是关于保密的规范所引发的伦理困境。在社会工作实务中，保密是有关专业的规范，是指案主的秘密不应该与第三者分享，社会工作者和案主之间的关系是建立在前者接受“保密”和“隐私”原则基础之上的。保密原则源于伦理领域和法律领域对个体隐私权的关注，是社会工作专业伦理中最为重要的原则之一。我们可以看到，在现代社会中，隐私权被越来越多地理解为人的一项重要权利，每个人都有权利决定他自己何时、怎样、在何种程度上与别人分享有关自己的信息。督导者在督导的过程中也会涉及很多受督导者的秘密和隐私，受督导者会要求督导者对这些秘密和隐私给予保密，从专业规范出发督导者也需要对这些隐私进行保密。但是，督导者作为机构的管理者或者学校的教师也会受到这些场域规范的约束，比如学校从学生安全的角度会要求教师及时通报学生的实习情况。如果督导者在督导一名实习

---

① 张威．社会工作督导的理论与实践分析：国际发展与国内现状［J］．社会工作，2015（3）．

学生时，这名学生的父亲生病，这名学生在没有向机构请假的情况下回家。督导者发现这个问题后与学生交流，学生也向督导者承认了错误，并恳求督导者为其保密。但按照学校实习的管理规定，督导者发现这样的情况需要向学校的学生管理部门通报。

不过，在关注社会工作督导伦理困境时，作为督导者需要特别留意以下几种现象：一是避免“道德绑架”，过分夸大伦理的要求，把不同人的不同看法或者意见也视为伦理的冲突，借此给受督导者的行为作出“道德”的判断，或者敦促受督导者在专业服务中简单执行伦理准则；二是防止“操控伦理”，即避免有意识地通过伦理议题的选择、伦理场景的设置等方式迫使受督导者陷入伦理困境中，作出伦理决定，朝向督导者所希望的方向采取行动；三是警觉权力关系，督导者需要意识到，尽管他们可以鼓励受督导者参与整个督导方案的讨论和督导的实施过程，并且在督导过程中保持信息开放和公开透明，但是实际上督导者与受督导者在社会地位上是有差别的，作为督导者不能通过创造“平等”的督导关系掩盖实际上的差别，而需要在认清这种权力关系的差异下，带动服务关系朝更平等的方向发展。

督导的实务过程异常复杂，在督导过程中还有很多引发督导伦理困境的情况，这就要求督导者能够根据督导的伦理原则，结合具体事例的实际情况进行灵活的处理。

三、督导伦理困境的处理原则

对于督导伦理困境如何处理，没有相关规范指引，督导者在督导过程中可以参考借鉴社会工作者处理伦理困境的一些原则。这些原则主要包括比彻姆和奇尔德雷斯的生命伦理四原则、洛温伯格和多戈夫的社会工作伦理抉择七原则。

（一）比彻姆和奇尔德雷斯的生命伦理四原则

1. 自主原则

自主代表能够自我管理和自我规范。这个原则用在督导过程中即是承认受督导者可以基于个人的价值信念，持有自己的看法去作出选择，并采取行动。

2. 不伤害原则

这个原则要求督导者必须确保新入职的员工有独立提供服务的能力，以避免服务对象受到伤害。

3. 善待原则

善待意味着善行、仁慈的心、慈善事业、利他主义、关爱和人道，要求督导者在督导过程中要善待受督导者。

4. 正义原则

意味着对人公平、正当及适切，意味着社会上各种利益和资源能够公平合理地分配。要求督导者在督导过程中能够公平地对待受督导者，能够做到公平合理地分配资源。

（二）洛温伯格和多戈夫的社会工作伦理抉择七原则

1. 保护生命原则

保护生命原则是指在社会工作实践中，保护生命原则高于其他所有伦理原则，社会工作者不仅有义务保护受助者的生命，也包括保护其他所有人的生命。督导者也有义务保护受督导者的生命安全。

在督导过程中，如受督导者所陈述的个人隐秘资料中涉及第三方利益相关者的生命安全（比如受督导者在督导中透露服务对象曾想或计划谋害第三方），督导者则有义务将相关信息告知第三方利益相关者，以确保其生命财产的安全，并提前做好相应的预防和准备。

2. 差别平等原则

差别平等原则是指社会工作者要在实践中既以平等的方式对待服务对象，同时又要注重服务对象的差异，在助人过程中充分把握好平等待人和个别化服务的理念。督导者在督导过程中也要处理好平等对待受督导者和为受督导者提供个别化督导服务的矛盾。

比如，在督导中，督导者要以平等和公平的理念与方式对待每一个受督导者，但同时还要根据受督导者不同的年龄、性别、性格特点、专业背景等有意识地设计和提供个别化的督导服务，以满足受督导者的不同需求。

3. 自由自主原则

自由自主原则是指社会工作者在实践中充分保障服务对象的自由和自主性，促进民主的专业关系的发展，从而提升服务对象的能动性和参与能力，保障服务对象的合法权益。要求督导者在督导过程中保障受督导者可以自由、自主地参与督导服务，充分调动受督导者在督导服务中参与的积极性和能动性，充分尊重受督导者的意见，鼓励受督导者表达不同意见，注重倾听受督导者的意见和声音，尊重受督导者在服务过程中的选择和决定。

4. 最小伤害原则

最小伤害原则是指社会工作者在作伦理决定和提供服务中，要尽力保护服务对象的利益不受到侵害，要最大可能地减少甚至预防伦理决定和服务对服务对象的身体、心理和精神上的可能伤害，尽可能实现利益最大化。督导者在督导过程中也要尽力保护受督导者的利益不受侵害，使受督导者的利益达到最大化。在督导过程中，督导者要关心受督导者，维护受督导者的合法权益，通过采取各种保护性的措施预防任何可能的针对受督导者身体、心理或精神上的伤害。

5. 生命质量原则

生命质量原则是指社会工作者要本着通过专业服务来不断提升服务对象生活质量的目标的精神，在直接服务和间接服务两个层面，通过社会服务和政策干预，满足服务对象的需要，不断提升服务对象的福祉，促进服务对象生活水平的提高和社会融入的程度。督导者在督导过程中通过督导服务提升受督导者的服务能力和水平，使其有工作的胜任力。在督导过程中，督导者要尽量通过行政指导、专业教育和心理支持，提升受督导者的独立服务的能力，从而全方位地提高其生命质量。

6. 隐私保密原则

隐私保密原则是指社会工作者一旦与服务对象签订了服务协议，就要在提供服务的各个环节，始终遵守保护受助者个人隐私和有关信息的承诺，绝不能轻易泄露服务对象的私人信息以及同服务相关的隐秘信息，以保护服务对象的个人权益。这一伦理原则也要求督导者正确处理受督导者在督导过程中透露和提供的个人信息，包括信息资料的安全存放和使用程序上的专业性，不向任何其他人士和公众透露或泄露受督导者的个人信息与隐秘资料，以确保受督导者的利益不受侵犯。

7. 真诚原则

真诚原则是指社会工作者在服务过程中要坦诚对待服务对象，适当地做到向服务对象呈现自我，以建立相互信任的工作关系。在督导过程中，真诚原则要求督导者要与受督导者适当交心，在交流过程中做到可以向受督导者适当自我披露，分享自己的生命故事或痛苦经验，通过真诚的沟通建立相互信任的关系。

在实际的社会工作督导过程中，伦理困境的处理绝非仅仅坚持这些伦理困境处理原则就能解决，而需要结合伦理困境的具体情况，在具体的实务场景中灵活且综合运用这些处理原则，才能顺利解决。当然，更为关键的是，科学设计和规范社会工作督导伦理困境的处理步骤，让督导者和受督导者有章可循。

四、处理伦理困境的一般步骤

面对价值或伦理上的两难困境，尽管在实践中并不存在标准的公式可以套用来解决问题，但是作为一名理性和负责任的社会工作者，需要系统而谨慎地思考并且作出价值上的抉择，在行动上遵循一些基本的步骤以确保自身了解伦理上的问题，尽可能地保护服务对象的权益。20 世纪 90 年代以来，国际社会工作界的伦理专家提出了伦理决定的一般步骤，可以供督导者在督导的专业实践中参考，他们认为这一伦理决定具体涉及以下七个步骤。

第一步，认识事件的伦理问题，包括分析社会工作者自身的价值观、责任和义务等不同的方面。

第二步，清楚识别任何个人、团队或者组织影响其作出伦理决定的境况。

第三步，正确认识伦理行动的每个过程以及参与其中的相关人员，分析伦理行为可能存在的利益和风险。

第四步，深入了解支持或者反对作出伦理决定的相关理由。

第五步，向本专业的同事或者合适的专家进行咨询。

第六步，作出伦理决定并且记录决定的过程。

第七步，监督和评估伦理决定的结果。

实际上，伦理困境处理的这七个具体的操作步骤并不是一成不变的，它需要根据伦理决定的场景作适当的调整，而且每一步骤之间并不是固定的，既可以重复，也可以跳跃。这里所说的七个步骤，是就一般情况而言的，在实际的督导过程中，督导者需要始终围绕如何针对督导伦理困境中的问题作出有效的回应，而不是固守某种处理的做法①。

本章小结

本章围绕着社会工作督导专业实践中的伦理展开讨论，首先，介绍了伦理与价值和道德的区别，以及社会工作督导伦理的基本内容；其次，重点分析了社会工作督导伦理的基本原则，包括互相尊重原则、社会公正原则、最佳利益原则和专业诚信原则；最后，本章又针对社会工作督导的困境从角色冲突、利益冲突和规范冲突三个角度开展分析，提出伦理困境的处理的四原则说和七原则说以及伦理困境处理的一般步骤。

---

① 谢秀芬．社会工作概论［M］．台北：双叶书廊有限公司，2015：81.

第三章　社会工作督导者的培养

从一线社会工作者转变成社会工作督导者需要具备一定的资质和能力，他们不是专业实践经验和知识的简单累积，而是需要承担与一线社会工作者不同的角色，具备社会工作督导者所需要的特定的基本素养。这些基本素养包括四个方面，即价值素养、知识素养、技能素养和角色素养。当然，这些基本素养是相互关联的，它们一起发挥作用，确保社会工作督导者能够真正发挥督导者的功能。

第一节　社会工作督导者的资质

尽管不同国家和地区对社会工作督导者的资质有不同的规定和考察，但是都认为，作为社会工作督导者需要具备比一线社会工作者更丰富的实务经验和知识。通常，在专业实务经验的年限、督导课程教育和督导技能的培训等方面对社会工作督导者的资质有明确的规定和要求。中国本土的社会工作督导者也不例外，也需要符合相应的资质要求。

一、发达国家和地区对社会工作督导者的要求

社会工作督导是保证和维持社会工作实践高品质的核心要素之一，它对社会工作的专业服务质量和一线社会工作者的专业发展都有着至关重要

的作用。已有的很多研究证明，适当而且有效的督导对社会工作专业服务有着积极的影响，它不仅可以减少服务对象的问题，而且还可以提高专业服务的成效和伦理决策的合理性[①]。因此，培养社会工作督导就成为保持社会工作专业服务稳定发展的一项必要措施，有着无法替代的重要作用[②③④]。但是，对于如何培养社会工作督导者却有不同的观点和看法，不同国家和地区对社会工作督导者的资质和能力也有不同的规定。

美国社会工作者协会在 2013 年公布了《社会工作督导的最佳实践标准》，在该标准中对社会工作督导者从业的资质作了详细的规定，具体包括五个方面的要求：

一是从正规学校的社会工作专业毕业。

二是经历过指定的社会工作督导课程的教育，或者接受过管辖区域内规定的最低标准时间的社会工作督导实践的继续教育，或者二者兼有。

三是至少拥有 3 年（或者有明文规定要求更长时间）并且得到认可的相关专业实践经验。

四是具备相关实践领域和服务人群的专业服务经验和专业知识，如吸毒成瘾者、儿童青少年、精神健康领域和社区组织等不同服务人群和服务领域，对社会工作督导者有不同的要求。同时，作为社会工作督导者还需要具有一定的理论知识，掌握不同的服务模式。

五是了解督导的原则并且拥有必要的督导技能，如能够协助受督导者处理面临的问题和挑战，讨论受督导者在专业实践中遭遇的伦理议题，而且能够在学习方面向受督导者提供必要的支持和鼓励。

此外，社会工作督导还需要熟知服务机构的行政管理和组织结构以及

---

① Barak, M., Dnika J. T., Pyun, H. & Xie, B. The Impact of Supervision on Worker Outcomes: A Meta－analysis. Social Service Review, 2009, 83 (1), 3－32.

② Olmstead, J. A., & Christensen, H. E. Effects of agency work contexts: An intensive field study. (No. 2). Washington, DC: Department of Health, Education, and Welfare, Social and Rehabilitation Service, 1973: 6.

③ Shulman, L. Interactional Supervision. Washington, DC: NASW Press, 2010: 7.

④ Kadushin, A., & Harkness, D. Supervision in Social Work (4th Edn.). New York: Columbia University Press, 2002: 23.

服务的业务范围。

澳大利亚社会工作者协会在 2014 年公布了《社会工作督导标准》，对社会工作督导者的资质作了明确的规定。与美国社会工作协会不同，澳大利亚社会工作者协会将社会工作督导者的资质要求简要分为职业道德标准和专业知识与技能标准两个方面：

一是职业道德标准。督导者需要确保与受督导者之间保持清晰的专业界限，避免与受督导者之间存在亲密的、个人的、社会的、商业的、治疗性的或者性的关系，遵从督导保密原则，保护服务对象和服务机构的相关信息。

二是专业知识与技能标准。督导者需要接受过适当的专业培训，拥有如何提供督导的经验，履行专业实践和专业知识的传播承诺。就具体的专业知识与技能而言，澳大利亚社会工作者协会强调，作为社会工作督导者需要拥有：澳大利亚社会工作者协会认可的专业资质以及合法的会员资格；至少 3 年相关领域的专业督导经验，并且能够带动受督导者的学习和反思；清晰分析当前的专业和实践问题的能力，熟知与受督导者实践领域相关的法律和政策；持续关注专业发展的能力，为专业督导做好充分准备。

中国香港社会工作协会在 2007 年颁布了《社会工作督导指南》，对社会工作督导者的资质也作了相关规定。与美国和澳大利亚相比，中国香港社会工作协会的相关规定更为严格，他们要求社会工作督导者需要具备：

其一，在相关服务领域至少 5 年的专业实践经验（但不一定局限在特定领域）。

其二，社会工作督导课程的教育。

其三，服务相关领域或者干预方法的进一步培训。

显然，这些发达国家和地区的社会工作督导实践经验显示，作为社会工作督导者需要具有比受督导者更丰富的实践经验，而且需要接受过专门的督导课程和实践培训的教育，具体表现为三个方面的资质条件，即专业实务经验的年限（至少 3 年）、督导课程教育和督导技能的培训。强调如果社会工作督导者没有基本的实务经验，没有专业服务的技能，就不可能帮助受督导者将社会工作理论和实践整合起来，也无法与受督导者深入讨论专业服务中的伦理议题。

二、中国本土社会工作督导者的要求

尽管中国本土的社会工作督导者的培育工作开始得比较晚，也就是近几年来的一些尝试，但是随着中国本土社会工作的不断推进，特别是社会工作专业化和职业化的深入，中国本土社会工作督导者的培育就成为迫切需要解决的难题。实际上，一些先行的城市和地区，像深圳、上海、广州、四川、福建等已经作了有益的探索，积累了一些经验。

2015 年，中国社会工作联合会公布了《注册社会工作督导培训标准体系（试行）》，其中对中国本土社会工作督导者的资质作了相关的规定，它要求中国本土社会工作督导者需要具备：

其一，本科或以上学历，社会工作硕士或者本科优先。

其二，3 年以上的一线社会工作经验以及 1 年以上的行政管理督导的经验。

其三，1 年半的全部督导课程培训并且出席率达标、考核符合要求。

只有具备了以上三个条件，才可以授予注册认证的督导资格。注册认证督导资格的考核包括三个方面：

一是社会工作的核心理念及态度。它包括社会工作专业素质、沟通及表达能力、工作操守、服务的组织及计划能力、对机构和服务的理解力等。

二是社会工作实务能力。它涉及对社会工作理论知识的综合运用能力、建立专业关系的技巧和能力、探索和分析问题的能力、策划专业服务的行动能力、执行和监控专业服务的能力、评估和终止专业服务的能力以及写作的技巧和能力等。

三是社会工作督导能力。它包括个人的领导能力、沟通及团队协作能力、服务品质管理能力、人事及行政管理能力、促进社会工作者成长的引导能力以及增进社会工作者与不同身份者交流的协商能力等。

通过比较就可以发现，中国本土社会工作督导者的资质要求与国际发展经验相似，也涉及三个方面，只是侧重点有所不同。同样，中国本土社会工作督导者也是借助系列的培养和指导，不仅需要掌握核心的社会工作专业价值理念和理论知识，而且还需要具备实务操作的技能，此外，还需要保持不断学习的积极心态。只有这样，才能通过社会工作督导者的培养，将专业服务的知识和方法有效地传递给服务机构、一线社会工作者和服务对象。也正是因为如此，中国本土社会工作督导者的培育已经成为高级社会工作人才培养的一部分，受到各级政府和服务机构的重视。

第二节 社会工作督导者的价值素养

专业价值是社会工作的核心，也是社会工作督导的核心。价值素养也就成为督导者在履行督导职责、执行督导功能过程中所需要秉持的一套专业价值观，是督导者最核心的基本素养。只有秉持了这样的专业价值观，社会工作督导者才能够与受督导者讨论专业服务中的伦理议题，并且在督导过程中将专业价值付诸具体的督导实践活动中。可以说，督导的专业价值贯穿于整个督导的教育、陪伴、监督和评估过程中，是社会工作督导知识的核心内容。

一、社会工作督导价值伦理的内化

社会工作督导者的价值素养的培养是一个不断理解、感悟和内化的过程，是督导者在督导实践过程中通过不断学习、反思、领悟而实现的成长过程。价值伦理的培养仅仅局限于价值伦理标准的学习和熟记是远远不够的，它需要督导者在实际的督导情境中不断实践、反思、再实践，而督导实践中通过建立多元对话方式有助于督导者价值伦理的内化。

（一）多元督导方式的养成

督导不是督导者向受督导者简单传递专业技术的指导过程，而是督导者通过与受督导者的沟通、交流，帮助受督导者挖掘自身经验和能力的过程，也是督导者给受督导者增能的过程。因此，作为社会工作督导者就需要避免仅仅把自己作为经验丰富的社会工作者，视督导为专业技能的提升，而是需要把受督导者也作为像自己一样有着不同生活经验和专业服务经验的社会工作者，虽然这些受督导者的经验可能不如督导者丰富，但是他们对社会工作有自己的理解和追求。这样，督导者与受督导者之间的交流就需要秉持一种多元的视角，包括对拥有不同的知识背景、不同的价值观、不同的信念的个体的尊重以及相互之间保持一种开放式的对话，以便激发个体在不同生活层面的不同能力。只有在这样的多元对话方式中，无论督导者还是受督导者才能保持开放和接纳的状态，共同探索和发现更多新的思路。具体而言，这种督导思维的养成涉及尊重差异、平等对话、认真专注、用心倾听、积极回应和动态理解等。

1. 尊重差异

尊重差异是开展督导工作的前提，它要求社会工作督导者承认每个人都是独特的，包括受督导者也有自己的生活经验、文化背景和价值信仰等。因此，作为社会工作督导者除了需要关注受督导者的要求以及自身所处的独特生活环境，采用个别化的处理原则之外，还需要给受督导者充分表达自身意见的机会，学会站在受督导者的角度理解他们内心的感受和想法，而不是根据自己的经验总结概括受督导者的要求。社会工作督导者需要始终牢记，不同的人有不同的生活经验和解释逻辑，即使同一件事情，在不同的人眼里也具有不同的意义。这样，社会工作督导者就需要随时反思，提醒自己是从受督导者的角度理解他们的要求还是从自己的角度强迫受督导者接受自己的想法。

当然，尊重差异还有另一项重要的核心要求，就是社会工作督导者需要把关注的焦点放在相互不同经验的呈现和分享上，协助受督导者挖掘自身的专业服务经验和生活经验，并且与督导者的经验进行对话交流，目的不是为了让受督导者认同督导者的经验，接受督导者的专业指导和想法，与督导者达成一致，而是帮助受督导者更好地理解自己的服务经验和生活经验的不同，在尊重督导者的不同生活经验的同时，能够接受自己的经验和感受，把生活视为是多元的。

2. 平等对话

社会工作督导者与受督导者是在平等合作的氛围下进行沟通交流的，督导者不是专家，需要避免借用自己督导者的身份权威与受督导者进行命令式的对话，而是积极地邀请受督导者与自己一起讨论督导过程中的议题，包括督导内容的选择、督导目标的确认以及督导计划的制订等。当然，社会工作督导者也不能将受督导者视为有问题的人，即把他们作为无力处理自己生活中困难的弱者，从而表现出自己的优势，展示自己的优越感，将自己的想法和经验强加给受督导者，强迫他们接受、认同自己的观点和做法。

需要注意的是，平等对话不仅仅只是督导者与受督导者一起讨论受督导者在专业服务中遇到的问题和困惑，一起寻找问题解决的方法，或者创造一种宽松、信任的氛围，让受督导者能够充分呈现自己的不同感受和想法，实际上，任何一种对话交流的方式都有一定的社会处境作为支持，社会工作督导者需要随时观察与受督导者的互动，反思这种交流方式背后的经验支持和社会环境的要求，以便寻找更平等的对话方式。可见，平等对话是一个过程，既需要督导者的反思，也需要受督导者的反思。

3. 认真专注

在与受督导者对话过程中，督导者需要表现出认真专注的态度，不仅需要把自己的注意焦点放在受督导者身上，而且还需要保持关怀的心态，让受督导者感觉到自己是重要的，是被关注的，自己表达的任何内容都是被认真对待的。实际上，这种认真专注的态度体现了社会工作督导者对受督导者的尊重，也表现出督导者愿意与受督导者平等对话的意愿。可以说，认真专注是受督导者在与督导者的对话交流中对尊重的最直接感受，它让受督导者发现自己的内心感受和想法是能够得到督导者用心关注的，是有价值的。

当然，在督导过程中，如果社会工作督导者想做到认真专注，就需要注意每一个细节，包括自己的眼神、坐姿、表情以及说话的语气等。尽管在督导过程中保持认真专注并不是一件容易做到的事，但是作为社会工作督导者，在开始督导前需要结束手上的工作，撇开任何可能影响自己专注力的事情，让自己的注意焦点集中在接下来需要开展的督导活动中，不能一心二用，同时关注或者思考其他的事情，做到一次只做一件事情。

4. 用心倾听

在实际的督导过程中，作为社会工作督导者常常容易出现的情况是，还没有完全理解受督导者的感受和想法，就开始表达自己的感受和想法，或者没等受督导者把话说完，就开始提出自己的建议。这样做看上去效率高、执行力强，但实际上督导者提供的建议并不能够针对受督导者的具体情况，甚至可能连受督导者也不理解，造成不必要的误会。社会工作督导者的这种焦躁心理也会影响受督导者，要么使受督导者不再信任督导者，觉得督导者并不了解自己的要求和想法，要么不去关注自己的生活经验，一味地从督导者那里寻找问题的正确答案。显然，用心倾听非常重要，它是保证督导者与受督导者进行平等对话的前提，也是督导者协助受督导者发掘自身的能力的前提。

因此，对于社会工作督导者来说，对受督导者多一点耐心，不急于表达自己的想法和建议，耐心地投入督导对话的倾听状态中，用心理解受督导者的感受、想法和困惑，尝试转换自己的角度，从受督导者的立场理解他们的要求，这样做是非常必要的。当然，用心倾听还需要社会工作督导者努力理解受督导者的内心感受和想法，听懂受督导者的要求。例如，社会工作督导者不仅需要关注受督导者讲述的内容，而且还需要留意受督导者讲述的方式和运用的词语，分析受督导者的这些讲述方式背后所呈现的观察视角。只有这样，才能真正了解受督导者故事讲述的理由。

5. 积极回应

督导过程中的沟通是双向的交流，不是单向的指导过程，不仅需要受督导者的表达，而且也需要社会工作督导者的回应。回应既是社会工作督导者对受督导者的一种理解，也是对受督导者的一份尊重。作为社会工作督导者需要在倾听的基础上对受督导者的对话内容进行适当有效的积极回应，包括生活压力的感同身受、积极改变愿望的寻找以及成功经验的挖掘等，让受督导者通过督导者的积极回应能够听到不同的声音，感受到不同的想法，发现不一样的改变可能。实际上，社会工作督导者的积极回应过程就是督导者慢慢带领受督导者探索问题和解决问题的过程，它不是告诉受督导者应该做什么，也不会急于将自己过去的经验视为唯一的真理，要求受督导者照着原来的要求做，而是协助受督导者学会通过自己的尝试反思自己的经验，并且在自己的反思经验中寻找进一步尝试的方式。只有这样，受督导者在社会工作督导者的积极回应中才能积累自己的探索经验，找到自己成长发展的方向。

需要注意的是，尽管社会工作督导者的积极回应既包括情感的支持，也包括任务的分工和专业的指导等不同的功能，但是这些不同的功能都围绕着受督导者自身能力的提升，需要社会工作督导者协助受督导者学会不断反思自己的行动经验，并且能够在具体的服务场景中作出更为有效的行动决策。显然，这是一个帮助受督导者通过反思自身的实践经验不断增能的过程。

6. *动态理解*

无论社会工作督导者还是受督导者，他们在督导过程的对话交流是一个动态的相互理解的过程，不仅社会工作督导者需要不断地根据受督导者的对话调整和深化自己的理解，而且受督导者也需要在与督导者的对话交流中调整和改变自己的认识。这种动态理解的要求意味着社会工作督导者随时需要对自己的理解保持一种警觉的态度和反思的意识，不能固化自己已有的理解，看不到、听不到受督导者的变化，而需要把自己已有的认识看作是进一步前行的条件，对受督导者的意见和想法保持开放的态度，愿意面对与自己理解不一致的方面，探索新的理解的可能。

这种动态理解还意味着实务场景是不断变化的，无论社会工作督导者还是受督导者都需要对实务场景的变化保持敏感，随时根据实务场景的变化调整自己的理解；同样，社会工作督导者与受督导者的变化又会引发实务场景理解的改变。因此，在实际的督导过程中，社会工作督导者与受督导者的理解都是与特定的实务场景相连的，是一个随着实务场景变化而变化的动态理解过程。

值得注意的是，多元督导方式养成的这6个方面是相互紧密关联、不可分割的，这里只是为了介绍的方便，才将这6个方面分开来作介绍。实际上，尊重差异和平等对话是社会工作督导者需要保持的基本态度，而认真专注、用心倾听和积极回应则是社会工作督导者在督导过程中采取的回应方式，动态理解则是社会工作督导者的思维方式。优秀的督导者既需要有良好的基本态度，也需要具备有效的督导回应方式和思维方式。

（二）督导伦理责任的强化

督导不仅仅是社会工作督导者与受督导者的对话交流过程，它同时还涉及社会工作督导者与受督导者的伦理责任的承担，因为通过督导过程需要保障服务对象的权益以及社会工作专业服务的品质。这样，作为社会工作督导者就需要承担起促进受督导者的个人成长的伦理责任，并由此实现对社会工作专业服务品质的保障。通常而言，这种伦理责任需要借助督导关系的建立和维持以及督导实践过程才能得以实现。

1. 督导关系的伦理责任

督导关系的伦理责任是督导关系中社会工作督导者需要主动承担的伦理责任，涉及社会工作督导者如何与受督导者建立专业的合作关系、如何通过有效的对话与交流启发和引导受督导者的感受和想法、如何运用良好的互动关系促进和激发受督导者的反思和行动能力以及双方如何通过合理地共担责任提供更有效的专业服务等。这就要求社会工作督导者在督导关系中不断强化自身的伦理责任意识，并且借助自身伦理责任意识的提升，带动专业合作关系的另一方——受督导者的专业成长。

在督导的双向对话交流过程中，作为社会工作督导者需要积极引导受督导者对自己提供的服务进行反思，让受督导者反思自己在哪些方面做得好，哪些方面做得不够好，认识到自己在专业服务中可能存在的问题和可以改进的空间，厘清专业服务接下来的开展思路和发展方向，推动受督导者不断地往前迈进，而不是一味去指出受督导者在专业服务工作中存在的不足和缺点。当然，强化受督导者的正向自我认同也是非常重要的。这样做能够引导受督导者看到自己在专业服务中所作的努力以及所拥有的成功经验，学会积极应对面临的挑战。不过，需要注意的是，作为社会工作督导者还需要学会陪伴受督导者，特别当受督导者面临困难的挑战时，更需要社会工作督导者的支持，让受督导者发现自己在困难中的努力和坚持，了解背后所秉持的价值和信念，舒缓受督导者的内心压力，引导受督导者重新建构正向积极的自我认同。

在督导关系中学会注入希望也是社会工作督导者需要掌握的技能，只有借助希望的注入，才能够引导受督导者在不断变化的实务场景中不断往前迈进。这样，作为社会工作督导者就需要随时关注受督导者对未来的期望，包括受督导者的专业成长期望和个人成长期望，引导受督导者把自己对未来的希望与现实行动尝试的努力结合起来，学会根据实际的专业服务成效调整未来的期望，能够随着实务场景的变化合理地改变自己的期望。当然，这样就要求社会工作督导者自己首先就要成为一个对生活充满期望的人，在充满挑战的现实面前不放弃自己的努力，并且能够根据现实场景的要求及时调整自己的期望。在督导过程中，社会工作督导者只有自己愿意承担起专业合作关系的伦理责任，才能引导受督导者学会承担起他们应该承担的伦理责任，使双方之间的对话交流充满接纳和希望，从而推动受督导者采取一种充满希望的视角理解实务场景中面临的问题，发现新的解决方式和途径。

2. 督导实践的伦理责任

督导的实践不仅仅涉及社会工作督导者与受督导者之间的互动关系，同时还关乎服务机构伦理价值的落实。这样，作为社会工作督导者就拥有了督导实践的伦理责任，需要向服务机构负责，遵守服务机构制定的各项规章制度，尊重服务机构自身的文化价值，监测具体督导过程中相关法律法规、伦理价值的贯彻，甚至还需要承担起维持社会工作专业伦理价值的责任。

显然，在实际的督导过程中，社会工作督导者经常遭遇和面临督导实践中的伦理两难困境，因为他既需要促进受督导者的个人成长和专业成长，又需要尊重服务对象权益；既需要维护受督导者的利益，又需要遵守服务机构的价值标准；既需要维护服务机构的声誉，又需要秉持社会工作的专业伦理价值。这样，一旦两者之间出现冲突，就会呈现为督导实践的伦理困境。因此，作为社会工作督导者需要避免就督导的伦理责任泛泛而谈，而需要结合具体的实务场景分析相关的利益方，考察相关联的伦理责任要求，并且学会从中选择最重要的伦理责任，作出伦理的决定。当然，受督导者也会面临像社会工作督导者一样的伦理两难困境。这就要求社会工作督导者在督导实践中帮助受督导者学会针对自己的专业实践进行反思，根据具体的实务场景作出伦理决定，逐渐承担起专业实践的伦理责任。

（三）督导中的自我关怀

督导也像社会工作专业服务一样需要社会工作督导者与受督导者不断地根据督导实践的要求学习相关的理论知识和专业技能，克服面临的问题。显然，这是一个不断学习和实践的过程，无论社会工作督导者还是受督导者都很容易陷入过度的透支困境中。因此，作为社会工作督导者就需要学会理解和接纳自己的一切，包括自己的优势在哪里以及自己有什么不足等，特别是自己的不足，更需要社会工作督导者有勇气去面对。为此，社会工作督导者需要学会倾听来自自己身体和内心的声音，与自己开展多元的对话，用心感受身体的反应和变化，如果身体感到疲惫、不舒服，就需要关心自己的身体和内心感受，珍惜自己身体的意识，让自己的身体放松，而不是无视身体的透支和内心的不满。同时，社会工作督导者还需要学会关注自己内心情绪的变化，如果遇到挑战，内心出现了气愤、无奈、失望、怀疑，甚至仇恨的情绪，这个时候就需要勇敢地面对内心的感受，理性分析这些不良情绪状态背后隐藏的理念和价值，疏导自己的情绪，给自己的内心放松的机会，学会关怀自我，包容自己的局限和不足。

当然，受督导者也一样，也需要在社会工作督导者的引导下学会关怀自己。这也就成为督导中社会工作督导者需要承担的一项重要任务。由于自我关怀不仅仅只是一种专业技术，更像是一种生活的态度和价值观，因此，它也需要借助社会工作督导者在督导过程中的潜移默化的作用将自我关怀的理念传递给受督导者，让受督导者学会关怀自己的身体和内心感受，勇敢面对自己的不足和局限，并且把自我关怀的理念融入社会工作的专业服务中。此外，在督导的互动过程中，社会工作督导者还需要让受督导者认识到，社会变迁的加剧给实务工作带来新挑战，不仅工作的复杂性增加，而且面临的挑战越来越多，因而也就需要受督导者不断积累更多的经验应对未来的挑战，给自己更多的关怀，肯定自己的不断努力和不断付出。显然，无论社会工作督导者还是受督导者，他们的专业价值伦理的形成过程也是自我关怀的探索过程。

二、价值素养培养中的挑战

价值素养的培养不同于知识的学习和技能的训练，是在日常的督导过程中潜移默化的过程，需要社会工作督导者与受督导者学会从价值视角的角度理解人际互动以及背后的社会机制。显然，它需要借助反思的过程才能理解专业服务背后所秉持的伦理价值，了解这样的伦理价值是否存在不足，需要改变。因此，督导者的价值素养是无法通过直接的指导获得的，也不是一蹴而就的东西，是一个依靠自己的反思逐渐养成的过程。这样，督导者在培养自己的价值素养时很容易与知识和技能的学习混淆，导致面临多方面的挑战。

（一）无视价值素养的重要性

在社会工作领域常常存在一种误解，认为专业知识和技术才能解决具体的问题，伦理价值只是一种指导原则，督导就是社会工作督导者帮助受督导者改善和提升专业的知识和技能。这样，在对督导者考察时，就更多地关注督导者的知识储备和技能水平，督导的成效也是以受督导者对专业知识和技能的掌握情况来衡量的，很少顾及督导者的价值素养和督导过程中专业价值能力的提升。即使当社会工作督导者在督导的过程中遇到瓶颈时，也会花更多的时间去反思专业知识和技术层面存在的问题，寻找帮助受督导者提升专业知识和技能的方法，强调只要提高技能，就可以解决专业实践中面临的困难和问题。

一旦把督导的重点更多地放在了专业知识和技能的学习上，作为社会工作督导者就会无视伦理价值在专业服务中发挥的作用，看不到自己与受督导者之间存在的价值视角上的差异，也无法诚实地面对自己在督导实践中面临的困难和局限，很容易将督导过程中的矛盾和冲突归于受督导者，认为是受督导者的问题，是他们不接受引导，理解不了自己的要求，或者不够努力，没有按照自己的建议去执行。值得一提的是，在目前的督导培养计划中，常常把知识和技能的学习视为督导中最重要的部分，而价值素养的培养只作为督导者培养计划中很小的一部分，或者把价值素养的培养与专业知识和技能的培养分割开来，作为两个没有内在关联的内容。

（二）缺乏价值素养培养的系统性

由于一直以来在社会工作督导领域忽视价值素养培养的重要性，再加上价值素养培养的内容涉及面比较广，从而导致在社会工作督导培养中涉及的价值素养的内容十分有限，在内容上表现出不够系统的特点。从系统的角度来看，社会工作督导者价值素养的培养包括：社会工作专业价值观、多元社会价值观以及多元文化价值观的培养，具体涉及督导者对社会的伦理价值、督导者对机构的伦理价值、督导者对受督导者的伦理价值、督导者对专业的伦理价值、督导的伦理两难困境以及督导伦理价值的实际操作原则、方法和技巧等。显然，目前对社会工作督导者的培养更多是从督导者应具备的资质或者能力角度开展的，焦点集中在专业知识和技能培养的内容上，而在伦理价值层面的培训缺乏深度的思考，内容比较零散，没有整体性。

（三）将价值素养培养简单化

在社会工作者的价值素养培养过程中还常常存在一种看法，认为价值素养的培养就是课程的教学，介绍社会工作专业实践中存在的伦理价值冲突，而社会工作督导者能否掌握、能否运用到督导的实践中，就看他是否能够将伦理价值内化。显然，这样的督导培养方式严重限制了社会工作督导者的价值素养的提升，要么把伦理价值视为“高高在上”的价值原则，可以直接运用到一切社会工作的专业服务中，无视社会工作实务场景的复杂性和多样性；要么把伦理价值只是作为一种抽象的价值原则，与具体的社会工作专业服务割裂开来，视为两个完全不同的层次或者两个完全不同的领域。因此，在具体的督导实践中，常常出现这样一种情况：社会工作督导者无论是自己还是在受督导者面临伦理价值的两难困境时都无法从容面对，甚至感到不知所措。

这种课程化的督导者价值素养的培养计划还会造成一种不好的结果：伦理价值原本是一种价值方面的生活体验，而课程的培训只会让伦理价值“知识化”，变成一种一成不变的标准化的知识，丢失了价值伦理多元化的特点。这样，不是帮助社会工作督导者和受督导者更好地采取不批判的态度，接纳专业服务中的价值的多元化，而是强调“标准化”的伦理价值，无视或者无法理解不同人的不同价值原则。

可见，社会工作督导者的价值素养的培养不仅仅关注伦理价值的理解，同时也与社会工作督导者的专业知识和技能素养的培养是紧密联系在一起的，这两个方面不能分割开来。

第三节　社会工作督导者的知识素养

社会工作督导者的知识素养是指社会工作督导者需要学习和掌握的与社会工作督导相关的基本知识体系，主要以专业的理论知识和服务模式为主。尽管不同国家和地区对督导资质的知识素养的界定标准不同，但是都把社会工作督导者需要具备的知识结构体系作为一项必要的条件，要求社会工作督导者完成规定时间的社会工作督导的教育课程。

一、督导者的基础知识结构

从督导者的资质要求以及培训课程的设置来看，社会工作督导者需要具备一系列相关的知识素养，以实现督导者所需要承担的知识传递的功能。通常认为，社会工作督导者只有掌握了督导的基本模式和知识框架，才能进一步提高他们的督导技能。因此，在督导者知识素养的培养方面督导培训的主要目标有以下几个方面：

一是提供与督导功能有关的理论和基础知识。

二是发展和完善督导的技能。

三是将理论与技能整合，形成个人的督导风格。

四是增强督导者的职业认同①。

因此，在督导培训中，与督导相关的知识涉及督导是什么以及应该是什么、如何建立督导关系、为什么以及如何签订督导合同、如何安排督导工作、核心督导技术是什么、如何开展反思性实践以及成熟的学习原则是什么、督导的伦理困境有哪些等（Supervision Training Course 1，AASW）②。从受督导者角度来看，社会工作督导者需要培训的主要基本知识的内容包括：督导的目标和重要意义、督导相关的知识、行政性督导（员工招聘、工作授权、监测与评估工作和沟通等）、教育性督导（教学、技能训练、与实务相关的知识）、支持性督导（解决职业倦怠、舒缓工作压力和及时进行反馈等）③。我国学者史柏年在解读《社会工作督导培训认证体系》时提出，在征询香港和台湾地区的意见后形成的督导培训体系包括六个部分：

一是督导伦理价值观。

二是基本实务技巧。

三是特定服务对象和工作领域的督导经验。

四是督导技巧。

五是人事管理团队建设。

---

① McMahon，M. and Simons，R. Supervision Training for Professional Counselors：An Exploratory Study. Counselor Education and Supervision，2004，43：301 – 309.

② Supervision Training Course 1，AASW，Australian Association of Social Workers Homepage. www. aasw. asn. au/events/event/Supervision – Training – Course – 1.

③ Mak，Melissa A.，“Supervision Training Needs：Perspectives of Social Work Supervises”（2013）. Master of Social Work Clinical Research Papers. Paper 225. http：//sophia. stkate. edu/msw_ papers/225.

六是机构规划及发展[①]。

显然，社会工作督导者需要具备的基本知识结构是与实际督导过程中需要掌握和运用的技能相对应的，并且还需要根据专业实践的发展保持继续学习的能力。因此，社会工作督导者在督导实践中发挥其行政、教育和支持功能时需要具备的知识素养主要包括：社会工作督导的基本知识、社会工作相关实务领域的知识、社会工作实务技巧的知识、社会工作督导技术的知识、社会工作督导的价值伦理知识以及相关联的环境和政策知识。与这些不同类型督导知识相对应的具体内容详见表3－1。

表3－1　社会工作督导基础知识的分类及具体内容

分类	具体内容
社会工作督导的基本知识	1. 社会工作督导的概念、功能、意义 2. 社会工作督导的模式、方法、技巧
社会工作相关实务领域的知识	关于社会工作实务领域和服务群体的相关知识，如儿童青少年社会工作、老年社会工作、医务社会工作、妇女社会工作、精神健康社会工作和社区康复领域等
社会工作实务技巧的知识	社会工作方法、治疗模式、技巧在不同实务领域或者服务群体中的运用以及面临的挑战等
社会工作督导技术的知识	1. 管理学相关的知识：人力资源管理、风险管理、组织学等相关知识 2. 督导能力相关的知识：团队动力学、沟通技术、评估技术、传递技术、反馈技术、支持技术及危机处理等
社会工作督导的伦理价值知识	1. 社会工作专业的伦理价值 2. 社会工作督导的伦理价值
环境及政策分析	1. 社会工作发展的内外环境、机构（组织）的发展环境、实践领域环境（社区环境、跨专业合作处境等）、政策、立法、社会、经济、政治、文化环境等 2. 社会福利政策、与服务项目及服务相关的法律法规、督导的制度和规范等

① 史柏年对社工机构评估标准及社工督导认证体系的解读。

二、督导者知识素养的培养

督导是由一个拥有更多专业经验的人向经验欠缺的人传递知识的干预过程。它本身可以作为督导者持续培养教育的一个部分，让专业人士重新审视他们自己所进行的专业实践，并且通过不断地训练以确保他们拥有良好的伦理和专业的立场。因此，督导者要成为“专家”，就需要经过“专业训练”，使自己具备一定的知识素养，并且借助不断地学习和实践，完善自身的知识结构。

目前社会工作督导者要取得督导的资质，就需要接受包括一次性的督导培训以及一定时间的实务训练。就一般情况而言，社会工作督导者的基本知识培训通常采用课程的培训形式，尽管不同国家和地区对社会工作督导者的知识素养的资质要求有所不同，但是都提及社会工作督导者需要接受一定时间的督导课程教育。这种课程教育最初是采用线下的集中式的课程讲授方式，以面对面的课堂教学方式为主。但是随着互联网的普及，进阶式的社会工作督导者的基础知识培养有些就采用了线上课程的教学方式，或者线上线下相结合的教学方式，扩大了社会工作督导者的交流培养空间。不过，无论采用哪种培养方式，通常需要用课程教学的方式对新进的或已经有些实务经验的督导者进行理论知识的培训。就社会工作督导者的课程教育而言，它主要有以下几种常见的方式。

（一）课程讲授

课程讲授是社会工作督导者知识素养培养过程中常用的一种方法，它主要根据不同督导知识分类的主题讲授相关的重要知识内容，以导师讲授、学员学习为主。当然，讲授中间也可以穿插一些导师与学员之间的互动，但是整个课程的安排是根据不同课程设置的教学大纲的逻辑展开的，目的是帮助学员通过相关督导知识的讲授系统地掌握督导基础知识体系。

（二）小组讨论

小组讨论也是社会工作督导者知识素养培养过程中常常采用的一种培

训方法，它主要根据督导知识的学习需要，引入社会工作的具体实务案例，对不同案例呈现出来的督导需要和可以干预的空间，提出相应的督导的讨论话题。例如，为什么案例的实务过程中需要督导，督导需要采用什么方式，在哪些方面可以提供督导以及可以提供什么督导等。围绕这些与督导相关的议题，将接受督导培训的学员分成若干小组，采用小组讨论的方式让学员自由发表自己的意见，给出自己的答案，然后再将答案呈现出来，让全体学员针对每一个督导问题进行更深层次的交流，达成一些基本的督导共识。

（三）头脑风暴

头脑风暴与之前的课程讲授和小组讨论不同，它需要就某个具体的与督导相关的实务问题开展发散性的思维训练，通常依据学员所需要学习掌握的与督导基础知识相关的主题提出值得思考的问题，而且这些问题一般需要与实务中的经验有关，然后让每一名学员就这些问题进行积极思考，自由地表达自己的想法、感受、困难以及相关的经验和故事。在学员回答结束之后，针对学员的回答内容通过关键词进行提炼和呈现，最后对讨论的内容进行总结分享，引出需要进一步思考的内容，补充和扩展学员的基本知识，如社区的责任、社会政策的责任、服务情境的复杂性、社会工作者的自我保护意识以及对服务对象的保护等。

（四）作业练习

在社会工作督导者的知识素养的培养过程中，常常采用作业练习的方法，即根据督导教学的内容要求结合实际的服务布置一些与督导基础知识相关的作业，对学员进行巩固学习效果的练习。这样的作业可以是由学员独立完成，也可以由学员相互合作共同完成；可以是课后完成，也可以现场测试；可以是理论知识的复习作业，如行政督导的主要目标、短期目标和任务等，也可以是结合实务的练习作业，如布置一些案例或者一些情境，让学员结合理论知识进行解答等。

（五）反思性学习

注重对学习的内容进行反思，并且强调在学习过程中不断对自己掌握的督导知识体系和具体的知识点进行反思，及时了解自己是否能够将理论知识灵活地运用于督导的实际工作中以及如何通过克服遇到的困难提升学习的有效性等，这就是社会工作督导者的知识素养培养过程中常用的一种反思性学习的培训方法。在反思性学习中，导师可以适当地引导学员对自己的学习进行反思，同时也可以布置一些参考阅读的材料，让学员通过扩展阅读的范围，拓宽自己的知识理解，并且可以就阅读、反思和领悟到的知识点进行分享和交流。通过这个反思性学习过程可以让学员了解自己的学习风格，引发他们思考自己的学习风格是否影响他们的督导实践，这方面的考察也是反思性学习所要关注的。

三、本土社会工作督导知识素养培养中的挑战

尽管中国本土的社会工作督导者的知识素养的培养已有几年的时间，积累了一些经验，但是由于实践经验的不足以及机制等方面的原因，目前主要采取的是课程培训的方式，但是无论课程设计的系统性还是课程的具体内容安排等方面仍存在许多不足，需要作进一步的探索和尝试。这方面的挑战主要表现如下。

（一）专题培训不足

目前政府和社会对社会工作督导者的能力水平越来越重视，开始意识到需要为社会工作督导者供给全面的培训，让他们具备系统的必要知识和技能，从而能够为一线社会工作者提供更有效的督导。一些资深的社会工作者开始向相关的社会工作行业协会呼吁，希望他们关注社会工作督导主题的培训需求，认为随着社会工作专业化和职业化的发展，由社会工作者转变成督导者的过程中迫切需要进行系统的督导知识培训。然而，社会工作督导主题的教育和培训机会仍然非常不足，导致由一线的社会工作者向督导者的角色转变过程中缺乏正式的课程培训，甚至多数服务机构想当然地认为，只要一线社会工作者具备多年的一线实务工作经验，就能够理所当然地做好督导，拥有督导的知识和经验储备，他们没有意识到一线社会工作者与社会工作督导者是两种不同的角色，需

要的知识和技能也不尽相同。

尽管大部分的服务机构为了推动社会服务行业的督导，要求机构的社会工作督导者去接受通用的管理资格的培训，这样的培训对于社会工作督导者执行一些行政督导的任务是有益处的，例如平衡预算开支、管理人力资源等，能够帮助服务机构规范行政事务的管理。然而，就社会工作督导者的教育功能和支持功能来说，这样的培训并不能产生直接的影响，而需要更多地围绕督导的具体专题。

（二）课程评估不足

有研究者根据现有的几种督导培训计划的有效性来确定哪些培训项目是有效的，对这些培训课程的研究为提供更有价值、更有效的专业学习和培训方式提供了参考。但是，目前培训课程的设置并没有建立在对社会工作督导者现有能力水平的评估基础上，而是采用通过教育和培训的学时来作为取得督导资质的标准，无法区分出不同经验的社会工作督导者，也无法针对新的社会工作督导者提供更加全面系统的课程培训体系。显然，作为新晋升的社会工作督导者，他们需要全面、系统的督导知识的课程设置，而针对有一定经验的社会工作督导者，他们需要设置有关督导能力的评估指标，可以根据评估的客观结果衡量自己的能力水平，找到自己不足或者需要提升的部分，然后可以依照这样的评估结果进行不同水平的课程设置，满足他们各自不同的督导能力提升的专项知识培训要求，这是一种进阶式的督导课程专项培训。

此外，社会工作督导课程的设置还需要根据社会工作实务发展的前沿经验知识的变化，分析和评估受督导者在一线实务过程中遇到的具体问题，根据受督导者的实际需要反思社会工作督导者需要具备哪些应对的能力。可见，社会工作督导培训课程的设置并不是一成不变的，还需要根据社会工作实务的开展状况进行不断的调整和更新，这无疑增加了社会工作督导培训计划设置的难度。

（三）效果评价不足

社会工作督导课程培训结束之后，一般很少有后续的跟进计划，使得一些接受过培训的社会工作督导者感受到，一旦培训课程学习结束，就意味着督导知识学习的结束，没有后续的学习效果评价的机制，对自己学习知识的掌握程度并不十分了解，对知识的整合理解能力也十分有限，当然，将理论知识转化为实际可操作的工作方法方面也面临很大的挑战。因此，建立学习效果的动态评价体系是十分必要的，可以让社会工作督导者更全面地了解自己知识的掌握和运用情况，能够针对不足的部分进行反思，及时补充和扩展自己的督导知识体系，并为之后的继续学习提供依据。

（四）本土化探索不足

2012 年，中央组织部、民政部等 19 个部委联合发布的《社会工作专业人才队伍建设中长期规划（2011—2020 年）》中明确提出培养“8 万名具有扎实理论知识基础、丰富实务经验并且能够指导解决重大复杂专业问题、引导推动社会工作服务人才成长发展的专业督导人才”。督导的培养需要结合中国本土社会工作发展的特点，这样的本土社会工作督导者需要主动承担起服务把关、机构管理与专业倡导的责任，积极推动所在服务机构及社会工作服务的规范和发展。实际上，本土社会工作督导者在引导机构服务发展方向、建立和完善服务制度、协助建立与服务配套的行政管理体系、坚守专业服务的职业操守、监督和规范本机构从业社会工作者的服务质量、建立社会工作者的专业形象和服务机构的公信力等方面发挥着重要作用①。显然，本土社会工作督导者在具备督导通用知识结构的基础上，还需要拥有社会工作专业化和职业化的本土知识和内化的本土实践经验。

以最早开展本土社会工作督导者培养的珠江三角洲地区为例，该地区政府购买社工服务时，出现了岗位购买和项目购买两种模式，不仅大量初次上岗的一线社会工作者在开展服务时需要专业指导，仓促催生的社会工作专业服务机构在专业人员管理、专业服务评估、项目过程管理、项目的专业发展方向和服务质量上也亟待提升。即使本土社会工作督导者发展最快的深圳也在借助香港督导的力量逐步提升深圳本土社会工作督导者的能

① 王洪．本土化视角下社会工作督导面临的困境和发展路径［J］．曲靖师范学院学报，2016，35（2）：68－71.

力，包括问题解决能力、人际相处及协作能力、主动学习能力、自我反思能力、知识探究能力等。

目前，就本土社会工作督导者需要什么样的本土化的知识架构，还未进行系统化的梳理和总结，缺乏参考的依据和标准。就现阶段各地本土社会工作督导者的培养方案来看，初步总结了一些本土的督导知识体系，具体包括：中国社会工作发展的历史与定位，中国社会工作专业教育发展历史，人才培养定位和人才的培育方向，当前社工机构的定位与发展状况，当前政府购买服务的目标、内容、标准、程序、发展现状与思路，项目化服务的策划、执行、指导和评估、中国传统文化及项目落地区域社会文化发展特点、服务群体所处的环境及相关政策各主体之间关系产生的重要影响。

第四节　社会工作督导者的技能素养

社会工作督导者的技能素养反映的是督导者在管理技能、关系技能和专业技能三个层面上的督导技术水平。具体来说，社会工作督导者的技能包括一般技能与特殊技能，前者指督导行业普遍具备的基本技能，后者则是指作为社会工作督导者所需要具备的督导技能。无论是新晋升的督导者还是有着丰富实务经验的督导者都需要熟悉督导实践的基本流程和要求，这可以帮助督导者更好地理解他们需要承担的角色以及如何处理复杂的人际关系。

一、督导者的技能素养

作为督导者，其职责要求需要具备一系列的专业技能。督导者的技能素养主要包括督导行业共有的技能、工作场所的一般技能、督导职业的基本技能以及督导职业的特殊技能。每一个领域都需要督导者具备一些基本的技能素养（见表3－2），从督导者技能素养的关键要素等出发进行分类可以发现，督导者的技能素养主要涉及管理技能、关系技能和专业技能三个不同的层面。

表 3－2　督导者的技能素养

能力领域	主题（要素）
几种行业共有的技能	1. 督导者具有学习的能力
	2. 督导者具有团队合作的能力
	3. 督导者具有行政和管理技能
工作场所的一般技能	1. 督导者能够与他的同事以及受督导者建立一种合作、平等的参与关系
	2. 督导者能够坚守自己的专业价值，关注、尊重、挖掘受督导者的潜能
	3. 督导者有能力指导督导过程的顺利开展
	4. 督导者遵守机构的规范和价值，能够示范自己的伦理行为
	5. 督导者能够通过推进思想交流来发展组织内部的交流与合作
	6. 督导者能够使用积极的交流方式
督导职业的基本技能	1. 督导者不断开发一些改进专业标准的活动，包括自己的专业服务水平和机构的一般专业服务水平
	2. 督导者追求专业技能和督导绩效的不断提高
	3. 督导者通过讨论、举例、案例分析等方式在信任、合作以及相互欣赏的工作氛围中运用成熟的学习技能，实现知识的传递
督导职业的特殊技能	1. 督导者有能力执行，并且能够将能力传递给受督导者
	2. 督导者能够对受督导者提供支持和鼓励，并且愿意倾听和积极评价受督导者的经验
	3. 督导者有能力准备评估报告、督导报告和其他的文件
	4. 督导者有能力更新督导方法，以便能够适应新的环境
	5. 督导者有能力发展不同的督导方式，如个别督导、团队督导或者案例督导等
	6. 督导者有能力通过督导面谈对受督导者的行为表现和情境变化进行分析和解释

续表

能力领域	主题（要素）
督导职业的特殊技能	7. 督导者能够对受督导者的专业发展、自信心的增加以及合作与交流能力的提升发挥重要作用
	8. 督导者的资源管理效率比较高
	9. 督导者有能力发表自己对督导案例的看法，并且能够与受督导者共同讨论
	10. 督导者能够对同行和受益者表达自己的尊重

资料来源：Sandu, A. , Unguru, E. , Ponea, S. , Cojocaru, S. Analysis of professional competencies in social services supervision. 2010, 17: 3 – 56.

二、社会工作督导者的技能素养

在一些技能要求上，一线社会工作者与社会工作督导者有相似之处。例如，一般来说，要成为某些领域的优秀实务工作者，作为社会工作者需要有良好的沟通能力和人际交往能力。而社会工作者成为社会工作督导者之后，这些技能仍然都是非常有用的。除此之外，如果社会工作者想成为社会工作督导者，他们还需要掌握倾听的技巧、同理的技巧、对人和专业的尊重能力以及生活和管理等方面的实际经验。因此，社会工作督导者需要具备以下这些基本的技能素养。

（一）管理技能

作为社会工作督导者需要具备行政管理的技能，它具体包括以下几个方面：一是让工作人员清楚了解所期望的工作成效；二是能够分辨出对工作成效有帮助的任务和活动；三是能够针对工作人员的表现提出具体的反馈意见，包括哪些方面的能力需要加强、哪些能力需要改善等；四是能够及时激励实践能力提高的工作人员。

1. 工作管理技术

在日常督导工作管理中，社会工作督导者需要具备制订目标管理计划的能力、合理安排服务及工作计划的能力、策划服务项目的能力、具体问题解决的能力以及规范文书的能力等。在日常的督导管理工作中建立规范化的定期督导会议制度是非常有必要的，它可以采用分享、讨论、记录、监测、评估等方式对督导工作开展情况进行阶段性跟进式管理。

2. 团队管理技术

社会工作团队的管理需要秉持社会工作的价值理念，如尊重所有团队成员，相信每个人都有成长的潜能，都有自决权，以接纳和包容的态度对待每名成员，反对使用通用的人性化服务管理的方法，致力于建立一种信任、开放、互助的团队氛围。在这样的团队管理理念指导下，社会工作督导者注重通过有效的沟通解决面临的问题，及时回应受督导者的需求和困惑，给予受督导者必要的引导和支持，帮助受督导者赋权。同时，在这个过程中社会工作督导者还需要注意反思自己督导的权威性，经常反问自己，是否在团队中自己看起来很难接近或有一种拒绝交往的态度，是否因为自己过于强势而出现强迫团队成员接受自己意见的现象。

（二）关系技能

社会工作督导者需要多投入一些精力在建立督导关系上，因为有效的督导是在督导者与受督导者之间彼此了解和信任的时候开始的。在督导关系中能力和信任是最重要的因素，在信任的基础上才能建立有效的督导关系。一旦受督导者信任督导者，就能够提高督导者能力和知识的传递；相反，如果受督导者不信任督导者，他们对督导者的培训就有很大的抵触，妨碍督导的顺利开展。作为社会工作督导者需要为受督导者建立一个安全和信任的环境，让督导者与受督导者之间能够建立起良好的督导关系。可见，督导关系是整个督导过程的关键和核心，而督导关系的建立更多地依赖督导者在督导氛围上的营造。

1. 沟通技术

社会工作督导者与受督导者之间的有效沟通表现为督导者善于使用一些有效的沟通技巧，这些沟通技巧包括：乐于沟通、用心倾听、表达同感、给予支持和鼓励、善于使用非语言沟通等。在督导过程中，社会工作督导者需要具备良好的沟通技巧，通过客观地表达自己的同感，为受督导者营造有利于表达和学习的环境，并且乐于分享自己的知识和感受。此外，在督导的沟通过程中督导者还需要适当引导受督导者，发掘受督导者的能力，使他们能够观察到在实际的服务中可以改变什么、可以怎么努力，从而能够重新认识自己存在的能力。同时，督导者还可以邀请受督导者共同讨论实务中的问题以及解决的方法，而不是强迫他们接受自己的想法，与受督导者保持一种平等合作的对话关系。显然，借助沟通技术的运用，督导者希望达到的目标是引导受督导者用包容开放的方式看待不同的人，尊重每一个生命，营造一种平等、信任、合作、友好的沟通氛围。

2. 反馈技术

反馈技术也是社会工作督导者与受督导者之间建立良好督导关系时经常使用的一种关系技能。在实际的督导过程中，社会工作督导者需要给予受督导者及时的反馈，保证反馈信息清晰、一致。只有这样，受督导者才能通过督导清晰了解自己目前的工作状况，找到可以改善的方面。一些实证研究表明，及时准确的反馈不仅可以促进工作的积极性，同时还直接影响一个人对自己能力的看法。尤其在社会工作督导者与受督导者刚建立督导关系的时候，这种反馈机制十分重要，不仅能够让受督导者感觉到支持，而且还能够帮助受督导者清晰了解自己的预期。因此，在督导关系建立的开始阶段，社会工作督导者与受督导者之间需要多一些互动和真诚的交流，这样可以加强督导的效果。当然，为了加强社会工作督导者与受督导者之间的反馈机制，在督导过程中督导者可以运用书面或者口头等不同的表达方式进行反馈，保证反馈的及时性。持续有效的反馈机制不仅可以提高受督导者的专业实践能力和技术水平，而且也便于受督导者准确评估督导的实际效果。

作为一名新晋升的社会工作督导者，可以在督导的过程中向受督导者反馈自己承担的这一新的督导者角色，承认自己在督导过程中可能会犯错，通过这样真诚的交流可以广泛听取受督导者的反馈意见。这种反馈方式让督导者清楚了解什么是自己知道的、什么是自己不知道的，为受督导者树立一个真诚沟通的榜样。当然，督导者的反馈不能仅仅停留在自己不足的呈现上，还需要与受督导者沟通接下来作为督导者如何为克服自己的不足而努力，承认自己目前存在的担心和焦虑，告诉自己和受督导者即使对服务领域不熟悉，也可以通过学习和交流的方式慢慢了解这些未知的服务领域，开阔自己的服务视野，积累自己的专业服务经验。

（三）专业技能

专业技能是整个督导技能的基础。社会工作督导者除了需要具备基本的专业能力之外，同时还需要拥有不断学习的能力，努力提升自身的专业技能，拓宽督导的知识面，积极参与督导的继续教育。

1. 评估技术

督导被认为是评估和再评估专业工作的代表，通过监督与指导专业服务以确保专业服务的有效性以及服务对象的安全性。作为社会工作督导者，他的职责包括受督导者的培养训练需求的评估、受督导者的专业实践的指导、受督导者的专业兴趣和发展动力的调动以及受督导者职业压力和不满现象的评估，甚至还包括职业枯竭现象的考察等。其中，评估发挥着重要作用。它除了能够评价受督导者的专业能力，分析受督导者是否能够在社会工作实践领域增加自身的能力和伦理处遇的独立性，并且依据此协助受督导者制定一个实践指导的流程，激发受督导者的自我意识，支持他们发展专业自主性和能动性之外，还能够通过定期评估发放许可证和资质认证，作为受督导者年度表现考核、职业晋升或者加薪的依据。在指导受督导者的过程中，社会工作督导者有责任依据明确的规定对受督导者的表现进行公正的评价。

2. 传递技术

当社会工作督导者拥有了督导资格认证，具备了一定的专业技术能力之后，他的重要责任是如何将自己的知识、技能有效地传递给受督导者，帮助受督导者学习和内化相关的理论知识和实践经验，将这些知识和经验转化为实践。需要注意的是，传递过程之所以能够发生，首先需要双方能够对专业服务情境有所了解并且能够达成某种共识，特别是社会工作督导者，需要充分了解受督导者的问题情境、实践选择、行动背后的想法、理念和价值以及遇到的困难。通过分析评估服务场景，给予受督导者适当的理论和技术指导。此外，在引导的过程中，社会工作督导者还需要与受督导者不断地进行沟通、理解和反馈，能够减少督导信息的流失，确保最大化地实现专业技术的有效传递。

三、社会工作督导者技能素养的培养

有效的社会工作临床实践很大程度上依赖社会工作督导者的能力，这些能力需要通过培训和经验的累积才能够获得。在复杂的督导过程中，社会工作督导者拥有专业的理论知识、实践经验和服务技能是必不可少的，此外，他还需要拥有发现和解决问题的能力，能够向受督导者表达合理的共鸣，给受督导者情绪方面的指导和支持，这是对一名高素质的社会工作督导者的基本要求。实际上，社会工作督导者的技能素养的培养发生在一定的督导关系中，具有互动性。

（一）互动式督导培养

互动督导理论认为，不应该把社会工作督导简单地作为单向的指导过程，信息只由社会工作督导者传递给受督导者，而需要把社会工作督导视为是社会工作督导者与受督导者之间相互作用的过程，是一种双向的相互影响。社会工作督导既是一个专业咨询的过程，同时也是相互合作的过程，不仅仅只是管理和行政任务的落实，还涉及专业技能的培养。可以说，社会工作督导者的督导技能就是在这样互动的督导关系的交互作用和影响中培养和训练出来的。社会工作督导者可以在这样的互动督导模式的体验中不断磨炼自己的督导技能，对自己的督导专业实践经验不断地进行反思，在实际的与受督导者的互动过程中提高自己的督导技能。此外，运用互动式督导模式培养社会工作督导者，能够显著提高社会工作督导者对督导关系的理解和把握能力。

另一种互动式督导培养方式是由社会工作督导者自身提出的，它更具有互动式和实用性，要求社会工作督导者定期参加有关督导实践的咨询会，与同行之间进行经验交流。这种培养方式有利于社会工作督导者将已经了解和掌握的理论更好地运用到实际的督导实践中，他们不仅能够通过咨询会进一步学习督导的具体技能，而且也可以从别的社会工作督导者身上学到新的经验和技能。作为社会工作督导者可以带着他们自己有关政策的疑问和督导中的困惑参加咨询会，通过社会工作督导者之间的讨论了解类似的问题其他的社会工作督导者是如何处理的。只有借助咨询会中这种多元的互动和讨论，才能有效地促进社会工作督导者的专业技能素养的提升和个人的成长。

（二）陪伴式督导

当前国内的社会工作督导者的培养方案中常常设置陪伴式实务督导方式，这种方式以加强社会工作督导者的实务能力为主，依托社会工作服务机构指导社会工作督导者完成为期一年的督导实习训练，由资深的社会工作督导方面的专家对社会工作督导者进行一对一实务陪伴督导训练，通过实务情境引导社会工作督导者掌握和运用社会工作督导实务技巧，培养他们独立开展督导服务的能力和信心（中国社会工作联合会标准体系，SG—1530，2015）。在实务督导陪伴的学习期间，资深的社会工作督导方面的专家通常采用线上和线下两种方式进行陪伴督导，陪伴频率和次数都有一定的规定，以保证社会工作督导者能够定期地与资深的社会工作督导方面的专家进行交流，接受专业技能的指导。实际上，这样的指导往往不局限于社会工作专业技术的指导，同时还涉及情感的支持、行政管理的指导，甚至个人专业成长的规划等。不过，这种督导方式成本比较高，不仅需要较多的资深的社会工作督导方面的专家参与，做到一对一的陪伴式实务督导，而且花费的时间也比较长，一般需要资深的社会工作督导方面的专家进行一年的跟进，甚至需要更长时间的指导。

四、社会工作督导者技能素养培养中的挑战

尽管社会工作督导者的技能素养的培养有多种不同的方法，但是它们通常都需要花费很多的时间和精力，不同于一般的课程培训，它需要结合实际专业督导的开展过程进行指导，或者通过对自身的督导实践经验进行不断反思。显然，在这样的社会工作督导者的技能素养的培养过程中面临很多挑战，有来自督导者自身的，也有来自外部环境的。

（一）督导者技能素养培养研究的不足

尽管目前的研究方面的文献提到无论实务指导还是课程培训对督导者的培养都是十分必要的，但是对督导者实务素养培养并没有明确的标准，而且督导培训的机会仍然不足，除了对社会工作督导者的培养缺乏明确的培训计划之外，在已有的培训计划安排中主要强调管理层面的培训和指导，有关建立有效督导关系必备的人际关系交往技能和领导技能却很少受到关注。显然，就目前的情况而言，社会工作督导者缺乏充分的资源支持成为有能力的督导者。虽然这种情况近些年有所改变，针对社会工作督导者的培养已经设计了从社区培训到专业资质培训，再到大学继续教育课程培训等系列的培养计划，但是有关这方面的研究却寥寥无几，相关的培养经验也还没有得到很好的总结和提炼。

（二）督导者技能素养培养的意识薄弱

大多数社会工作督导者是从服务机构内部提拔上来的，在他们从一线社会工作者转变为社会工作督导者之前，不少人没有明确接受过进一步的教育和培训，被理所应当地认为从一线社会工作中成长出来的社会工作者已经具备了社会工作督导者所需要的基本技能和知识。因此，对于大多数新晋升的社会工作督导者来说，他们并不了解如何让自己从一名一线社会工作者转变为真正的社会工作督导者，其间需要做什么准备。这样，不少的社会工作督导者在督导过程中完全依赖之前他们自己被督导的经验，这种被督导的经验就成为他们提供专业督导的知识基础。事实证明，没有经过进一步的培训和教育，仅靠以往的个人专业经验提供督导是有局限的，将直接影响到他们提供的督导服务的质量。

（三）督导者技能素养培训的系统性不足

针对社会工作督导者的技能素养的培训缺乏系统性，不仅学习的内容缺乏内在关联性，而且不同的培训方式之间缺乏有效的整合，特别是整个培训计划缺乏明确清晰的理论逻辑，使得社会工作督导者对督导技能的掌握十分有限，不了解督导技能背后的理论依据和价值基础。而在具体的督导工作中，接受过培训的社会工作督导者却仍然更多地运用自己过往的实务经验和在实务中累积起来的知识。对于如何更好地运用督导技能激发社会工作者的专业自主性，缺乏必要的观察和思考，特别是在复杂的实务困境和伦理困境的处理过程中，明显表现出能力方面的不足。

实际上，督导实习中的陪伴式督导培养方式是一种很好的能够带动社会工作督导者专业成长的培训方式，但是由于督导资源的不足，导致督导陪伴次数十分有限，不仅督导者跟进的次数不足，而且每次督导的时间也比较有限，陪伴指导的及时性和有效性受到影响。显然，通过对社会工作督导者进行阶段性的考核，动态地评估社会工作督导者的督导技能的掌握情况，有针对性地提供陪伴式督导培养计划，并且搭建同行互动式督导的实务咨询平台，同时融合系列课程培训，是提供持续督导培养的一种有效途径。

第五节　社会工作督导者的角色素养

角色素养是社会工作督导者的价值素养、知识素养和技能素养的重要呈现载体，通过这一载体社会工作督导者的知识、技能和价值观才能传递给受督导者。社会工作督导者的角色素养是与其督导的功能和专业身份相一致的行为模式，它包括对服务机构新入职的工作人员、一线工作人员、实习学生及志愿者通过一定的程序进行持续的监督和指导，向他们传授社会工作的专业服务知识和技能，增进他们的专业服务技巧，促进他们的专业成长，并且确保专业服务的质量和服务对象的权益①。

一、社会工作督导者的角色定位

在日常的专业服务中，社会工作督导者扮演什么角色主要依据社会工作督导者需要承担的功能和需要实现的目标，不同的督导功能意味着社会工作督导者需要扮演不同的角色以便能够完成相应的督导任务，实现督导的改变目标。社会工作督导者的角色功能主要体现在运用整合的专业知识

① 陈为雷．社会工作行政［M］．北京：中国社会出版社，2010：250.

和技能提高受督导者的专业服务水平，提供与专业服务相关的知识和技能的指导，以及给予受督导者适当的情感和社会支持。

（一）与行政功能相关的角色内容

社会工作行政督导与一般的行政管理有相似之处，也有不同的地方，它是采用行政手段，对社会工作者在服务机构和专业实践层面的行为进行有效管理，目的是提高社会工作者的责任意识和服务意识，使他们能够为服务对象提供更加有效的服务。社会工作行政督导主要面对的是机构制度、政策、规定以及组织等方面的要求，更多地涉及专业实践领域中的组织、管理、法律等方面的服务内容。尽管这些督导的内容不一定与专业服务有直接的关系，但是它们确实是影响专业服务开展的重要因素。因此，社会工作督导者可以通过生态系统视角让社会工作者明了自己的工作定位和职责，明确工作的目标和方向。一般而言，社会工作行政督导包括：工作的计划与分配、工作授权、协调与沟通、工作监督、服务过程监测、工作总结和评估等。

（二）与教育功能相关的角色内容

社会工作督导的教育功能关注的是促进以专业实践为基础的知识和技能的发展，即社会工作督导者通过专业知识和技术的支持提高社会工作者的服务能力和专业服务水平。实际上，社会工作教育督导是一个不断促进社会工作者进行实践探索、批判与反思的过程。社会工作者作为专业的实践者，他们拥有一定的知识、理论和价值观，可以运用于专业实践中，提高专业服务的质量和成效。在专业实践过程中，社会工作督导者可以通过专业性服务案例的分析和讨论，帮助社会工作者更好地理解社会工作的价值观，增强他们在专业服务中的自我意识，提高他们的专业知识和技能。

（三）与支持功能相关的角色内容

社会工作督导的支持功能主要体现在对社会工作者的理解、鼓励和认可上。在实际的专业服务过程中，社会工作者需要应对来自服务对象、服务机构、同行、专业和社会环境等方面的压力。作为社会工作督导者就需要及时了解社会工作者的应对状况和情绪状态，与他们保持安全、信任的督导关系，引导他们有效地面对和缓解工作中的压力，掌握自我照顾和自我关怀的方法，增强他们的专业和职业认同感，从而能够提高他们的自我效能感，为服务对象提供更加积极有效的专业服务。

总之，社会工作督导的不同功能决定了社会工作督导者需要扮演不同的角色（见表3－3）。在行政性督导中，社会工作督导者主要扮演着管理者的角色；在教育性督导中，社会工作督导者扮演着指导者的角色；在支持性督导中，社会工作督导者则需要扮演辅导者的角色①。通常，受督导者的督导需求表现为两个方面：一是对工作环境、组织架构、服务资源、专业指导和技术引导等方面的需求；二是对人际关系和谐、工作压力缓解和职业倦怠消除等方面的需求。社会工作行政性和教育性督导主要针对的是受督导者的第一个方面的需求，而社会工作支持性督导主要针对的是受督导者的第二个方面的需求。社会工作行政性督导所提供的技术性指导有助于社会工作者在合理的组织架构内和有序的管理中开展服务，能够获得更多的资源，提高组织的运作效率；社会工作教育性督导提供的专业性指导有助于社会工作者在服务过程中不断提高和更新专业的知识和技能，增强社会工作者的专业服务能力；而社会工作支持性督导提供的情感支持则有助于社会工作者舒缓内心的压力，保持积极的工作心态，主动投入专业服务中，提高自我的工作效能。有关社会工作督导者需要承担的主要角色以及这些角色的基本要素见表3－3。

表3－3　社会工作督导者的主要角色及基本要素

因素 类型	主要角色	需求导向	基本要素	目标导向
行政性督导	管理者	工具性需求	组织、管理	组织效率
教育性督导	指导者	工具性需求	知识、技能	专业能力
支持性督导	辅导者	表达性需求	情绪、感受	工作效能

① ［美］卡杜山，哈克尼斯．社会工作督导（第4版）［M］．郭名倞，等，译．北京：中国人民大学出版社，2008：170.

二、社会工作督导者的角色要求

社会工作督导者的角色是多元的，通常情况下他们同时扮演着多种角色，如管理者、培训者、使能者、协调者、指导者和辅导者等。一些学者认为，社会工作督导者扮演的主要角色包括：①培训者，帮助受督导者学会运用理论知识和整合相关信息；②引导者，帮助受督导者学会适应他们的工作环境，培养职业认同感；③咨询者，帮助受督导者解决疑难问题和发展反思性的实践；④评估者，给受督导者及时反馈，让受督导者了解自己的工作状况和感受状况。实际上，根据不同的督导功能的要求，社会工作督导者在不同的层面上扮演着多种不同的角色，履行着相应角色所规定的职责。

（一）行政功能的角色要求

社会工作督导者通常都以服务机构为载体，在一定的组织环境中开展督导工作，一定程度上参与了组织中的行政管理工作，扮演着管理者的角色，行使行政督导的功能。作为服务机构的行政工作人员，社会工作督导者的主要职责是指导、协调、监督、评估受督导者的工作执行情况，最终的目的是为服务对象提供最有效的专业服务[①]。按照这个功能的督导要求，社会工作督导者将扮演以下 5 种常见的基本角色，并且承担着相应的角色任务。

1. 把关人

社会工作督导者在行政管理上的第一个角色就是把关人，即负责协助机构招聘和挑选比较合适的工作人员。这项任务要求社会工作督导者能够根据服务机构的发展要求和项目服务的特点，设置相应的人员招聘条件，并且能够根据设定的条件，在应聘者中挑选出比较符合岗位设置特点的工作人员，包括对应聘者的岗位期望和工作能力进行评估以及对较为适合的

① ［美］卡杜山，哈克尼斯．社会工作督导（第 4 版）［M］．郭名倞，等，译．北京：中国人民大学出版社，2008：39.

应聘者进行筛选。这样，社会工作督导者就成为服务机构的把关人。

2. 引导者

当岗位应聘结束后，社会工作督导者就有新的角色和任务，需要对新入职的工作人员进行入职的引导。首先，社会工作督导者需要与新入职的工作人员进行面谈，对他们进行全面的评估，同时还需要向他们介绍服务机构的发展概况、服务群体的定位、岗位的工作要求、督导者与受督导者之间的关系、各自的角色和职责以及服务机构的规章制度和福利政策等；其次，社会工作督导者还需要了解新入职的工作人员的生活安排和遭遇的困难，及时给予必要的支持；最后，社会工作督导者还需要根据岗位的职责和工作的目标为新入职的工作人员进行工作上的规划，在全面评估工作人员的基本情况后为其安排合适的工作任务，制定规范的工作流程。需要注意的是，这样的工作安排需要符合新入职工作人员的能力，而且还需要帮助他们树立一种阶梯式成长学习的目标。

3. 增能者

社会工作督导者还需要充当增能者的角色，不仅需要让工作人员清楚自己的工作任务和安排，而且还需要帮助他们整理自己的工作思路，找到完成工作任务的具体方法。此时，社会工作督导者需要做的是充分调动工作人员的自主性，根据工作任务的要求提供如何完成任务的经验介绍（针对经验比较缺乏的工作人员），或者提供提纲挈领式的介绍（针对经验较丰富的工作人员），鼓励工作人员积极地进行思考和行动，提高他们的工作自主性和创新性，使他们能够得到适当的赋权。在工作授权中，社会工作督导者需要在一定程度上与受督导者分享权力，让受督导者在适当的范围内作出自己的决定，并且根据他们自己的要求采取相应的行动。作为社会工作督导者需要保持这样一个原则：只要是受督导者能够妥善处理的问题，就由他们自己去规划，自己去想办法完成①。

---

① ［美］卡杜山，哈克尼斯．社会工作督导（第4版）［M］．郭名倞，等，译．北京：中国人民大学出版社，2008：47.

4. 评估者

在工作人员执行工作任务过程中和完成任务时，社会工作督导者都需要及时跟进，对工作人员的任务完成情况和结果进行评估。首先，社会工作督导者需要对工作人员的任务完成的时间进度进行监测，评估是否按照计划的进度完成；其次，社会工作督导者需要对工作人员完成任务的过程表现进行评估，包括工作态度是否积极、工作的安排是否合理、工作是否如实按照规范的程序完成；最后，社会工作督导者还需要对工作人员任务完成的结果进行评估，结合绩效考核进行评定。因此，作为社会工作督导者肩负着评估的责任，需要对工作人员进行定期的正式评估。这样，服务机构才能根据评估的结果制定出合理的选拔、晋升和转岗的机制，从而进一步确保服务对象能够得到满意的专业服务。

5. 协调者

社会工作督导者作为协调者，扮演着工作人员与组织机构之间的沟通桥梁的角色。在这个过程中，社会工作督导者发挥着机构内部承上启下的作用，既负责上传下达，也负责下情上达。机构的管理层通过督导工作了解到机构的制度、政策、工作安排等情况，掌握工作人员对机构目标、规章制度和专业服务的感受。此外，社会工作督导者还需要鼓励受督导者积极表达自己的感受，让受督导者能够在信任、安全的氛围中主动表达自己的想法和感受。这个时候，社会工作督导者充当的是倾听者的角色。当然，作为社会工作督导者，需要随时站在服务机构发展的角度上全面了解服务机构管理层的目标、思路和理念，从服务机构的整体发展角度开展督导工作，让工作人员清楚了解自己所处的岗位和需要承担的责任，明确自己需要完成的工作任务。

就服务机构与服务对象之间的关系而言，社会工作督导者充当着缓冲器的角色。当服务对象向服务机构管理层投诉一线工作人员的问题时，社会工作督导者就可以代表管理层来处理工作人员与服务对象之间的矛盾，避免因工作人员一时的情绪问题作出过激的反应，保护工作人员免受不必要的伤害。如果服务机构的管理层给工作人员施加了过大的工作压力，此时，社会工作督导者就可以充当工作人员的保护者，帮助双方通过互相沟通达成合理的处理方式。此外，社会工作督导者还需要协调工作人员之间的关系，帮助他们建立互相支持、优势互补的共赢的合作关系。

（二）教育功能的角色要求

与行政性督导相比，教育性督导的关注焦点在于帮助受督导者提升专业的知识和技能，向受督导者提供必要的专业知识和技术的支持。通常情况下，社会工作督导者在教育功能方面承担着以下两种常见的角色。

1. 培训者

在教育性督导中，社会工作督导者往往作为指导者，把督导的过程视为与一线社会工作者一起学习的过程。社会工作督导者通常具有丰富的专业知识和技能，他们希望将这些专业知识和技能传送给受督导者，直接指导受督导者开展专业服务，使受督导者能够将理论知识运用于实践中。实际上，不论是社会工作督导者还是受督导者，都希望在督导工作中增加"教授实务工作技能"的时间。显然，这样的角色功能要求社会工作督导者不仅需要具备专业的实务技能，同时还需要具备传道授业的培训技能。

此外，社会工作督导者还需要负责培养社会工作者信守服务机构的价值观、服务目标和工作程序，内化服务机构的理念和要求。社会工作者的招聘通常面向不同背景和经历的人员，他们有各自不同的经验和思维方式，作为社会工作督导者就需要对他们进行培训，让他们熟知服务机构的工作目标、程序和方法，认同服务机构的文化价值和理念。

2. 咨询者

在具体的实务开展过程中，社会工作督导者通常提供咨询性的督导，为一线社会工作者提供专业服务的间接指导。尽管社会工作督导者没有针对服务对象的问题开展直接的指导，而是通过帮助社会工作者对自己开展的专业服务进行反思，从而协助社会工作者找到最佳的专业服务方案。在咨询过程中，社会工作督导者需要有意识地引导受督导者对自己的专业服务经验进行重新审视，梳理他们自己成功经验背后的逻辑，找到专业服务开展的理论依据，同时还需要针对专业服务中面临的挑战进行深入的探讨，分析背后的原因，找到有效应对的方法。

（三）支持功能的角色要求

就一般情况而言，社会工作者都希望从社会工作督导者那里得到理解、肯定和认可。这样，督导关系就被视为社会工作督导者实践公平性的一种重要场景。如果社会工作督导者在督导过程中注意挖掘受督导者的优势，帮助他们增强开展专业服务的自信心，不仅能够提供受督导者的工作满意度，避免或者减轻他们来自职业的工作压力，维持良好和谐的工作关系，而且还能够帮助受督导者培养一种公平的意识，增强对职业的认同感和对督导工作的满意度。在支持功能方面，社会工作督导者常常承担着支持者和使能者两种角色的任务。

1. 支持者

在实际的督导过程中，社会工作督导者的一项主要角色任务是向一线社会工作者提供情感支持，对他们表达必要的关注，及时鼓舞和称赞他们，必要时给予适当的情绪疏导。因此，作为社会工作督导者需要耐心倾听受督导者来自工作、人际关系、机构和社区等不同方面的压力，理解他们的处境，表达同感和支持，并且及时帮助他们疏导负面的情绪，减少内心的压力，学会自我放松和自我关怀。此外，社会工作督导者还需要通过支持性的对话引导受督导者看到更多元的自己，强化受督导者的自我关怀能力，变被动接受支持为主动接纳自己。支持性督导的目的是强化受督导者的自我认同感，增强他们自我调适的能力以应对工作的压力和紧张，甚至倦怠。

2. 使能者

社会工作督导者可以通过鼓励受督导者重新认识自己的工作能力，合理评估自己的工作成效，肯定自己的优势，接纳自己的不足等方式，帮助受督导者更理性地认识自己。同时，社会工作督导者还可以通过真诚地表达自己对受督导者的信心，激发他们的积极性和自主性，并且借助示范的方式引导他们增强自我调适的能力，学会弹性地处理情绪的问题，合理面对自己的负面情绪，从容应对工作中的不同要求和挑战。在这个过程中，社会工作督导者扮演的是使能者的角色。

三、社会工作督导者的角色挑战

社会工作督导者在从一线社会工作者转变成督导者的过程中面临很多挑战，除了需要承担原来作为一线社会工作者没有承担过的角色，如行政管理的角色、专业指导者的角色和团队关系协调者的角色之外，还需要面对督导者本身的双重角色的挑战以及在专业督导实践和本土督导实践中的复杂问题处理的困境。

（一）督导者角色转变的困难

从社会工作者的角色转变为社会工作督导者的角色，从形式上看只是转变成了间接指导者的角色，实际上，作为社会工作督导者需要考虑和承担的任务有了巨大的差别，这让许多新晋升的社会工作督导者很难适应。这种角色转变中的困难主要表现在：①管理者角色的扮演。作为一线社会工作者很少需要考虑服务管理方面的问题，而作为社会工作督导者首先需要学会的是服务的管理。如果没有相应的培训和准备，新晋升的社会工作督导者很容易陷入不知如何管理服务、带领团队的困境中。②专业指导者角色的扮演。作为督导者常常被认为是社会工作专业服务方面的专家，当一线社会工作者遇到专业服务的困境时，就会求助于社会工作督导者。这样，社会工作督导者很容易面临专业服务的困境，他们的经验越丰富，就越需要处理疑难的案例，越能够处理疑难的问题，就越需要具备更丰富的经验。这样的怪圈常常使得新晋升的社会工作督导者倍感压力。③团队关系协调者角色的扮演。一旦一线社会工作者成为督导者，就需要处理社会工作者与服务机构之间的沟通问题，包括协调团队成员的关系，建立一种开放、安全的沟通氛围。而这些对于一名刚成为督导者不久的社会工作者来说，是一个不小的挑战。

事实上，一些有经验的社会工作督导者也可能比新晋升的社会工作督导者更焦虑，他们会担心自己的经验和技能跟不上专业服务发展的要求，特别是新发展的服务领域，他们会担心自己被社会工作者给予过高的期望。因此，无论是新晋升的社会工作督导者还是有经验的社会工作督导者，都需要随时提醒自己督导者不是全能的专家，也需要不断学习。

（二）督导者双重角色的挑战

在社会工作督导的三大功能中，行政管理的角色与一线实务督导的角色之间存在一定的内在矛盾，把握好两者之间的平衡，对于社会工作督导者来说具有挑战性。一方面，社会工作督导者需要使用管理控制的方式，代表服务机构行使行政管理的权力；另一方面，社会工作督导者又需要运用专业服务的逻辑开展指导，站在一线社会工作者的立场表达他们的诉求。这样，就会使社会工作督导者有时感觉是夹在行政主管与一线社会工作者之间。例如，当社会工作督导者面对确保服务责任的需要时，就可能考虑如何规划一个有效率的行政机制，从而有可能将他们的精力放在行政管理的功能上，忽视督导的教育和支持功能。

（三）督导实践中的角色困境

在实际的督导实践开展过程中，社会工作督导者有些时候可以秉持社会工作的专业价值，保持公开、透明的工作原则，但是也有一些时候为了工作团队或者服务机构需要，运用行政管理的权力去处理问题。这样，就会使社会工作督导者陷入不同角色扮演的困境中。实际上，社会工作督导者常常处于两难的选择中：一方面想努力民主、平等对待每一名工作人员；另一方面又需要展示领导能力，及时处理工作中的问题。如何避免出现这种两难困境，目前常常采用的方式是将督导的行政管理功能与教育和支持功能分割开来，由不同的人承担，督导的行政管理功能由服务机构的主管负责，而督导的教育和支持功能则由专门的社会工作督导者来承担，并且在服务机构内部明确划分出两者的分工和责任，建立相应的问责制度。

（四）本土督导者的角色挑战

中国本土社会工作专业实践的督导者需要承担与西方社会工作督导者不同的角色，包括专业社会工作服务的设计者、专业服务需要的转化者、日常专业服务的指导者和专业服务的培训者等。在本土社会工作督导者的培养过程中，不少仅有两年一线实务经验的社会工作者通过一定的课程和实务训练后便成为初级社会工作督导者，但是实际上他们储备的知识和经验仍然十分有限，当需要面对一线社会工作者开展督导服务时，就会感到力不从心，特别是需要与一线社会工作者一起面对疑难案例时。因此，当一线社会工作者晋升成为社会工作督导者后，常常感受到不小的督导工作的压力，甚至觉得自己无法为一线社会工作者提供他们所需要的专业实务方面的指导或情感方面的疏导和支持工作，或者仅仅是作为一线社会工作者的工作进度的监督者，以便满足服务机构行政管理的要求。

本章小结

本章从社会工作督导者的资质要求出发，介绍了不同国家和地区对于社会工作督导者的资质要求，认为作为社会工作督导者需要具备比一线社会工作者更丰富的实务经验和知识，而且同时还需要具备一定的专业实务经验的年限，接受过督导课程教育和督导技能的培训。此外，本章还深入分析和探讨了社会工作督导者所需要具备的特定的基本素养，这些基本素养包括四个方面：价值素养、知识素养、技能素养和角色素养。需要注意的是，这些社会工作督导者的基本素养并不是相互孤立的，而是相互影响、相辅相成的，它们相互作用，一起发挥着社会工作督导的三大功能。

第四章　社会工作督导理论与模式

督导作为与社会工作专业实践相伴而生的一部分，至今已发展出众多纷繁复杂的实践模式，用以协助和指导督导者的专业实践。许多学者尝试运用不同的社会科学理论描述、解释和预测督导过程中督导者与受督导者之间相互影响的行为规律，呈现出两个明显的发展特征：19 世纪末期至 20 世纪 50 年代对心理学理论的借鉴以及 20 世纪 50 年代后期尝试像社会学家一样进行理性类型概念的建构。进入 70 年代之后，越来越多的学者意识到建立扎根于社会工作督导实践经验的督导自身理论模式的重要性。因此，越来越多的基于经验研究的模式逐渐成长起来。本章将从督导理论与模式的作用与分类着手，对督导的理论知识进行概要性的系统介绍。

第一节　社会工作督导理论与模式概述

在社会工作督导领域，至今还没有发展出统一的理论模式。但是，督导者在开展服务时，会有意识地选用某些特定的理论、督导模式和策略，借此有效地推进督导实践。本节将对督导实践中常见的督导模式的类型以及督导理论知识体系的构成进行介绍。

一、理论运用与督导实践

在社会工作专业实践中，理论一直被视为不可缺少的重要内容，它为实践者提供了一个观察服务对象处境、分析服务对象面临的问题和协助服务对象寻找解决问题方法的可以参考的视角和依据。在人们的理解中，所谓理论通常是指一整套用来描述、解释和预测某种现象的命题。这一理论概念的界定意味着理论具有三个基本功能，即描述功能、解释功能和预测功能。实际上，在实践中，往往就存在不同类型的描述、解释和预测的理论需求，用于描述服务对象的问题类型、解释问题的成因或者干预方案的设计逻辑以及预测这些问题可能会引发何种积极或消极的影响等。可以说，当社会工作者开展具体的实务工作时，就开始了运用某个或某些理论的历程。值得注意的是，由于社会工作不是一门纯理论学科，它的理论应用是为了指导社会工作的专业实践开展的过程，帮助社会工作者解决专业实践过程中遭遇的问题，所以社会工作理论通常也被称为社会工作的实务理论（practice theory）。因此，更确切地说，社会工作的理论是“一套用以引导实务的概念或原则，其本体是充分连贯的，以至于可以——如果必要时——能够以一种明确的形态随时被检验”[①]。

值得注意的是，与纯理论相比，实务理论不仅更为关注具体场景中的理论应用，而且更为重要的是，它以改变为目标，是为了找到促进当事人在实务场景中发生改变的规律，即怎么做才能让当事人发生积极改变，或者怎么介入才能保证目前状况出现积极的改变，而不是对目前存在的某种现象的本质分析和原因说明。正是因为实务理论关注改变，因此，实务理论的现状原因分析就需要有所限制，不能一直在过去的经历中寻找最原初的“苗头”和“征兆”，而需要结合当下现实改变的要求分析影响改变的现实因素。可以说，纯理论是过去取向的，而实务理论是现在或者未来取

① Beckett，C. 社会工作实务理论：整合运用取向［M］. 洪敏琬，译. 台北：洪叶文化事业有限公司，2013：51.

向的。同时，在分析现实改变的影响因素时，实务理论更偏向于特定人群或者个人的原因分析，以便能够通过分析了解这个特定人群或者个人的改变要求，而不是像纯理论那样就某种一般或者抽象的现象展开研究，分析这种现象的成因。当然，对于实务理论而言，最为重要的功能既不是描述，也不是解释，而是干预。干预不同于预测，它需要有具体可行的干预方案，就社会工作来说，就有个案介入方案、小组介入方案和社区活动方案。除了介入方案的规划与设计之外，实务理论还有一项重要的任务，也与干预功能有关，就是对服务关系建立的说明，这是开展干预的前提，也是实施干预方案的条件。如果缺失了这一服务关系建立的功能，实务理论也就无法指导实践者开展具体的干预活动，自然也就无法达到实务理论所要求的改变的目的。简单而言，社会工作理论是一种实务理论，除了需要围绕改变对现状进行描述和解释之外，它还具有干预的功能，需要规划干预的方案和说明服务关系建立的方式，其核心是促进实现的改变。

通常，可以清晰描述出来的理论往往属于“正式理论（formal theory）”的范畴，正式理论是经过高度抽象后组织的概念，具有清晰的理论假设，而且是经过验证的理论，如弗洛伊德理论、行为主义理论、存在主义、认知理论等。这些理论可以清晰地描述出来，因而，在督导过程中这些理论也经常被人们提及和讨论。在实务工作中，除了这些正式理论外，还存在一种“实践理论”，这种理论一般产生于实践者的实务工作中，没有经过高度抽象的组织，但是能够给予实践者明确的实务指引①。在社会工作督导实践中，督导者同样需要运用理论来指导督导开展的过程，以提高督导实践的有效性。督导者还会特别关注受督导者对其实务过程的描述，以发现对受督导者的选择产生重要影响的“实践理论”。从这个意义上说，督导者不仅是理论的使用者，同时也是“理论的发现者”，甚至还是理论在实践中有效性运用的评估者。一些经过反复实践产生实际效用的“实践理论”就会形成一种模式。这种实践模式更像是某一理论得以确定

① Munson, C. E. (2002). Handbook of Clinical Social Work Supervision (3th ed.). New York: Routledge, 209.

之前阶段的产物，通常是暂时性的理论逻辑的建构。

虽然在社会工作督导领域，督导者同样需要依照一些正式理论指引督导过程，但遗憾的是，这些理论往往并非是社会工作督导领域特有的理论，而是从已有的临床社会工作理论或者其他相关学科理论借鉴而来的。因此，当描述和讨论督导理论时，更多的是指一种督导模式。不论是新晋升的督导者还是经验丰富的督导者都需要清晰的督导实践模式，以便能够帮助他们理解自己在督导中的角色，学习如何执行复杂的人际关系中的具体任务。好的督导模式可以帮助督导者发现他们在督导过程中的成功经验和不足之处，指导他们能够更加有效地执行督导中的关键角色任务，并且能够在不断适应现实处境的变化中完成督导所要求的任务。

二、社会工作督导模式的分类

伯纳德和古德伊尔（2014）将督导理论分为源于心理治疗理论模式、发展模式和过程模式三大类（见图4－1）。显然，这一督导理论的分类关注的是督导的临床实践层面。其中的第一类是参照心理咨询或者心理治疗理论发展而来的，包括诸如心理动力取向的、人本－关系取向的、认知－行为取向的、系统取向及建构主义取向的督导模式，这些模式主要是围绕着“传递一种治疗方法”而展开的。其中的第二类是发展模式，源自发展心理学的概念，是关于对受督导者的认知复杂性的不同理解而衍生出的督导模式。这类模式的倡导者主张督导者采用的督导结构与风格，要与受督导者专业生涯发展的不同阶段相匹配[①]。其中第三类过程模式则试图从各个角度对督导活动过程进行解释。过程模式可以是简单的也可以是复杂的，取决于不同类型的过程模式试图描述的过程的多少，以及试图对多少系统级别进行解释。

徐明心通过对社会工作文献中提及的督导模式进行整理，发现在社会

---

① 伊莉莎白·哈洛威．临床督导工作的理论与实务［M］．王文秀，施香如，等，译．成都：四川大学出版社，2006：6.

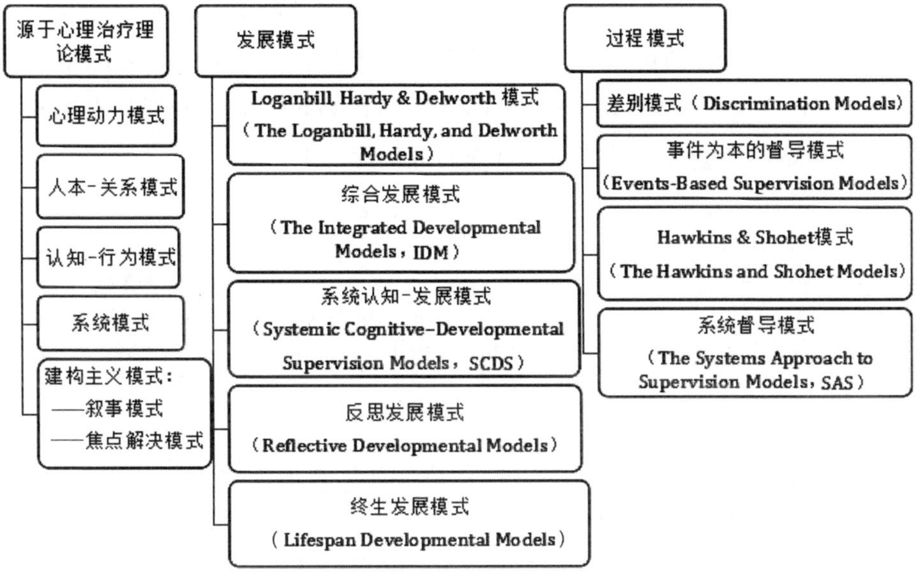

图4－1　临床督导模式的分类（Bernard & Goodyear，2014）

资料来源：Bernard，J. M.，& Goodyear，R. K.（2012）. Fundamentals of clinical supervision（5th ed.）. Fundamentals of Clinical Supervision. 22.

工作领域具有五类督导模式（见表4－1）。第一类是将督导视为社会工作临床实践的一种形式，并强调督导者在督导中使用社会工作的实务技能，即实务理论模式（Practice Theory as a Models）；第二类是关注督导的目标、结构和功能的结构功能模式（Structural－Functional Models）。这一类进一步可以划分为督导的功能模式（Supervisory Function Models）、整合模式（Integrative Models）和权威模式（Models of Authority）三种模式；第三类是以服务机构中不同层次的专业自治程度及督导形式为基础的机构模式（Agency Models），个别督导、团队督导、团队服务督导等被归为这一类属中；第四类是互动过程模式（Interactional Process Models），这类模式着重于督导者与受督导者之间的互动，把督导视为一个由专业发展的不同阶段组成的过程，这类模式对督导者和受督导者的成长都有明确的指导，包括发展模式和成长导向模式（Growth－Oriented Models）两类。第五类是在批判传统的督导模式的基础上发展起来的，它们强调权力分享和建立督导实践中的平等合作关系，这类模式称为女性主义伙伴模式（Feminist Partnership Models)[①]。在对督导模式进行详细的梳理的基础上，徐明心还发现已有模式缺少对督导的社会文化脉络的考察，于是进一步提出督导的整全模式（Comprehensive Model of Social Work Supervision）。这一模式将上述五大类模式忽略的社会文化脉络纳入督导的理论框架中。

表4-1　社会工作督导模式的分类（Tsui, 2001）

模式类别	来源
一、实务理论模式	Bernard & Goodyear, 1992; Liddle & Saba, 1983; Olsen & Stern, 1990; Russell, Crinnings, & Lent, 1984; Srorm & Heath, 1985
二、结构-功能模式	
督导的功能模式	Erera & Lazar, 1994; Kadushin & Harkness, 2002
整合模式	Gitterman, 1972; Lowy, 1983
权威模式	Munson, 1976, 1979, 1981, 1993, 2002
三、机构模式	
个案模式	Kadushin, 1974, 1992; Ko, 1987
团队模式	Kadushin & Harkness, 2002; Sales & Navarre, 1970; Watson, 1973
同僚督导模式	Watson, 1973
团队服务传输模式	Kadushin & Harkness, 2002
自主实践	Barretta-Herman, 1993; Epstein, 1973; Kadushin, 1974; Kadushin & Harkness, 2002; Kutzik, 1977; Rock, 1990; Weeder, 1990; Watson, 1973; Wax, 1979
四、互动过程模式	Gitterman, 1972; Gitterman & Miller, 1977; Hart, 1982; Latting, 1986; Shulman, 1993; Stoltenberg, 1981; Worthington, 1984
五、女性主义伙伴模式	Chernesky, 1986; Hipp & Munson, 1995

资料来源：Tsui, M. S. (2001). Towards a culturally sensitive model of social work supervision in Hong Kong (Doctoral dissertation), University of Toronto.

以上督导理论模式的分类虽然各自具有不同的划分依据，但是也具有重叠之处。这两种分类方式都是以对“督导理论丛林”的全貌进行系统的

---

① Tsui, M. S., & Ho, W. S. (1998). In search of a comprehensive model of social work supervision. *The Clinical Supervisor*, 16 (2), 181-205.

审视而进行的细致划分，有助于人们了解督导模式的整体轮廓，也使得人们意识到督导理论的丰富多样与纷乱繁杂。然后，作为参与直接实践的督导者可能更关心的是那些可以用于指导实践的督导模式，这也是许多督导模式以临床治疗理论作为理论依据的重要原因之一。徐明心曾在其著作中提到："以实务理论为理论基础的督导模式多借鉴的是临床治疗理论，这种发展现象有几点理由：第一，目前尚缺乏正式的督导理论，根据实务理论的架构来发展督导理论不失为一种途径；第二，许多治疗理论已发展出较为完备的理论体系；第三，现有文献中对治疗理论的介绍较为全面并容易整理和收集，更方便督导者学习与借鉴；第四，治疗理论中的实务技巧可以为实践提供具体的方向；第五，治疗理论已建立起来的理论依据可以为督导模式的建构提供参考，使督导模式建立在已有理论基础上；第六，临床实践开展的形式与督导实践有相似性，这也使得社会工作者可以更容易理解督导者的工作方式。"① 不过，值得注意的是，正如伯纳德和古德伊尔所指出的那样，对临床治疗理论的依赖会阻碍督导正式理论的发展，督导发展成熟的指标之一就是看是否能够发展出体现其独特性的理论模式，这种独特性是不同于治疗的理论模式的②。戴维斯与贝多意识到，对于督导模式的选择需要基于具体的实务工作和教学工作，以此为基础发展督导的理论模式或者取向。她们指出，不论选择何种督导模式，也不论在哪类机构中进行实践，督导的整个过程都会受到督导者所学专业、个人偏好、文化处境以及所处环境的影响③。因此，最为重要的是找出督导取向的评估指标，以便能够在丰富多样的督导理论模式中挑选出适合当前督导实践议题和专业发展所需要的模式。她们认为，有关督导取向的评估指标需要包括：关注结构、关注关系、关注过程、关注脉络、具有潜在的力量取向、具有技术或者临床上的细节、具有经验研究证明的有效性、具有跨专业的适用性和实用性、聚焦在受督导者的发展、留意权力相关议题和影

① Ming－Sum，Tsui. 社会工作督导：脉络与概念［M］. 陈秋山，译. 台北：心理出版社股份有限公司. 2008：19－20.

② 同上：21.

③ Davys，A.，Beddoe，L. 社工督导：理论与实务［M］. 曾焕裕，刘晓春，译. 陈秋山，译. 台北：洪叶文化事业有限公司，2016：40.

响、关注文化与价值观、关注差异以及关注时间等①。显然，这样的评估指标在具体的实践中也是很难实施的。

三、社会工作督导理论的构成

通过上述有关督导理论模式或者取向的不同分类可以发现，作为社会工作督导者，如果希望开展督导的专业实践，他至少需要具备三个层次的理论：第一个层次是社会工作专业理论，即督导者要对社会工作者在实践中运用的理论或者实践模式的相关知识有所了解，这是督导者对受督导者在实践中应用理论的情况进行判断的基本依据，有助于督导者发现受督导者在相关理论与实践应用中存在的知识缺口，指导受督导者对相关知识进行补充；第二个层次是督导实践理论，即督导者需要掌握在督导实践中运用的指导督导实践具体开展的操作性理论知识，如督导者运用反思学习模式指导社会工作者对实务经验进行反思，在此基础上发展新的理解；第三个层次是督导的元理论，即对督导实践本身进行探讨的理论，这类理论提供一个解释督导应该是什么以及应该做什么的“元理论”，如里奇提出的督导的整合模式，卡杜山的三大功能模式等就是这种层次的督导元理论。值得注意的是，每名督导者和实践者都具有自己认同的实践哲学，而实践哲学会影响实践理论的选取。

为了便于督导者了解如何开展有效的督导实践，对督导实践的具体方式和过程提供参考，这里将重点探讨督导的实践理论（模式），即督导者可以在督导过程中运用的、协助受督导者对实践进行反思、提升受督导者自身能力的督导模式。鉴于当前中国本土社会工作督导的实践现状及需求状况，这里将选取发展取向的督导模式、优势为本的督导模式、反思学习取向的督导模式以及行政管理取向的督导模式作为主要的实践模式进行介绍。实际上，督导实践理论也具有丰富多样的模式。之所以选取发展取向的督导模式、优势为本的督导模式、反思学习取向的督导模式和行政管理取向的督导模式这

---

① Davys, A., Beddoe, L. 社工督导：理论与实务 [M]. 曾焕裕，刘晓春，译. 台北：洪叶文化事业有限公司，2016：40.

四种督导模式作为重点来介绍，是因为这四种督导模式受到广泛的欢迎，经常是督导者首先选取的督导模式，而且这四种督导模式代表了四种不同取向的督导逻辑，分别涉及不同的理论基础、实践方法和督导过程，为在督导会议中促进受督导者的能力提升提供了指引。发展取向的督导模式为人们提供了关注不同经验的受督导者的职业能力发展与督导方式的匹配性指引；优势为本取向的督导模式将优势视角和焦点解决模式运用于督导实践中，提供了以受督导者能力为焦点、以事件的未来发展与把控为目标的工作框架和操作方法；反思学习取向的督导模式为人们提供了从实践者经验出发探寻新的意义、获得新的实践知识的操作性框架，并且为实现持续学习取向的督导实践提供参考；行政管理取向的督导模式则为案例的行政管理督导提供了一个可以操作的流程，作为督导者实施督导的行政功能的有效指引。

当然，这四种取向的督导模式并不是相互割裂、各自为政的，它们之间也有共同之处，都是围绕着“如何通过有效的督导实践提升一线社会工作者能力，促进其职业成长”的议题展开，实际上，这一议题也是当下中国本土社会工作督导实践中亟须解决的难题。希望通过这四种督导实践模式的介绍，能够为中国本土社会工作的督导实践打开思路，提供有益的参考。需要注意的是，在实际的督导实践中，这四种督导实践模式是可以相互交叉借用的，它们的目标只有一个，就是促进一线社会工作者的能力成长和保障社会工作专业服务的品质。

第二节　发展取向的督导模式

发展取向的督导模式可以追溯至20世纪50—60年代，到80年代因斯托登伯（1981）和朗根比尔、哈迪以及德尔沃思（1982）的工作得以盛行，并在临床督导领域引起广泛共鸣①。值得注意的是，由于发展理论本身对于“发展”具有不同的认识，发展取向的督导模式内部也具有很多分

① Bernard, J. M., & Goodyear, R. K.. Fundamentals of clinical supervision (5th ed.). *Fundamentals of Clinical Supervision*. 2012: 33.

支。例如，有依赖社会心理发展理论建立起来的发展模式（如朗根比尔等，1982），也有关注线性发展阶段的发展模式（如斯托登伯，1981），有的将认知学习理论、人际影响和社会学习理论、动机理论及人类发展模式整合起来作为综合发展模式（IDM）的理论基础（斯托登伯 & 麦克尼尔，2010）①。迄今为止，大约已有 80 多种发展模式②。不过，由于发展督导模式的质量参差不齐，许多发展督导模式在实践和研究中逐渐被淘汰。发展督导模式的共同假设是，工作者的能力与其工作经验有关，一线实践者的发展具有一个可以预测、循序向上的发展路径，而督导者需要掌握某个发展阶段的知识与技能，协助受督导者完成相应阶段的训练③。可见，在发展模式中，督导者是督导过程的引导者。

一、朗根比尔等人的三阶段发展模式

朗根比尔等人提出的咨询师发展阶段模式可能是最早的、较为全面的概括受督导者的发展阶段的模式。朗根比尔等人的发展模式以奇克林（1969）的青年发展任务理论④为参照，提出了在督导中培养咨询师需要关注八个方面的发展议题：能力、情感意识、自主性、职业认同、尊重个体差异、目标和方向、个人动机以及职业道德。这一发展模式认为，对于每个议题，受督导者可能处于三个阶段——停滞、困惑和整合之一，或者在各阶段之间转换。对于新晋升的受督导者来说，处在停滞阶段的特点可能

---

① Bernard, J. M., Goodyear, R. K. Fundamentals of clinical supervision (5th ed.). *Fundamentals of Clinical Supervision*, 2012: 33.

② Holloway, E. 临床督导工作的理论与实务 [M]. 王文秀，施香如，等，译. 成都：四川大学出版社，2006: 5.

③ Davys, A., Beddoe, L. 社工督导：理论与实务[M]. 曾焕裕，刘晓春，译，台北：洪叶文化事业有限公司，2016: 25.

④ 注：奇克林的有关青年发展任务理论即他所提出的大学生发展的七个向量：发展能力（developing competence）、情绪管理（managing emotions）、培养独立自主到与他人相互依存（moving through autonomy toward interdependence）、建立成熟的人际关系（developing mature interpersonal relationships）、建立自我认同感（establishing identity）、培养目的感（developing purpose）、塑造品格（developing integrity）。

是没有意识到不足或者困难，但这并不意味着新入职的受督导者更容易处在停滞阶段。反而更有经验的受督导者更有可能经历这个阶段，要么停滞不前，要么盲目坚持。在这个阶段，受督导者可能会产生非黑即白的非理性认知，也可能会对实务工作产生无趣或者无聊的想法。处于停滞阶段的受督导者在督导过程中可能会出现两种情形：要么过度依赖督导者，要么会认为督导者的工作无关紧要，至少在其当前处理的问题上表现的是这样。但是在大多数情况下，受督导者自己是没有意识到的。相对于停滞阶段的“没意识到”，处于困惑阶段的特点是受督导者意识到困惑和问题，但是还没有解决的办法，这种状况使得他们常常感到不安。进入整合阶段之后，受督导者的不安和困惑会被新的理解和认识所取代，而且还会重新客观地看待督导议题，对督导者的评价也会变得较为客观。值得注意的是，以上三个阶段的发展并非线性过程，而是像轮子一样重复循环移动的过程。虽然这种发展督导模式强调无论受督导者处于三个阶段中的哪个阶段，督导者都需要对受督导者八个方面的发展议题给予必要的关注，督导者的角色是评估受督导者八个方面发展议题中的每一个问题，并且推动受督导者向下一个阶段前进。这相当于要求督导者对受督导者的24个不同的议题进行追踪（8个方面×3个阶段），显然，这样的督导要求在每一次督导过程中是很难一下子完全实现的，需要逐步推进①。

二、综合发展模式

朗根比尔等人的督导模式虽然在实践层面具有一些缺陷，但是这在当时仍引起了一些不小的共鸣，间接影响了督导领域，敦促督导领域不再只是将心理治疗或者社会工作专业临床理论套用于督导实践中，而需要更进一步地探索发展教育取向的督导模式。在朗根比尔等人提出的发展模式之后兴起了综合发展模式（IDM），这是最广为人知而且应用最为

---

① Bernard, J. M., Goodyear, R. K. (2012). Fundamentals of clinical supervision (5th ed.). *Fundamentals of Clinical Supervision*, 2012: 34.

广泛的阶段性发展模式，既包括对受督导者发展过程的描述，也包括对督导者实践的指引。

表 4－2　IDM 对受督导者发展阶段特点与相应督导行为的划分

受督导者的发展层次	动机	自主性	意识
层次 1： 处于这个层次的受督导者具有较少的专业训练和督导经历	动机和焦虑都很高； 专注于获得技能； 想知道“正确”或者“最好”的帮助服务对象的方法	依赖督导者； 需要明确的结构和积极的反馈； 较少提出反对意见	高度的自我关注； 自我意识有限； 担心评估
层次 2： 这个层次的受督导者“正在从高度依赖的、模仿的和无意识的情况过渡到对高度结构化、支持性和指导性的督导环境有所回应”	在自信、不自信与困惑中摇摆不定	具有一定的独立性，但会经历自主与依赖之间的冲突，可能会表现出对督导者较为明显的抵制	专注于服务对象并对其产生同理心； 仍然存在如何平衡自我意识与他人意识的情况，在这种情况下，自己的问题可能会与服务对象的问题相混淆
层次 3： 这个层次的受督导者更多地关注个性化的实践方法以及在临床实践中使用和理解“自我”	兴趣、投入和努力趋向一致； 会对自己实践的有效性存有质疑，但这种情况不会经常出现	当受督导者可以进行独立实践时，对自己专业判断的坚定信念已经形成。受督导者与督导者之间的差距缩小	受督导者能够继续专注于服务对象，同时又可以注意到自身对服务对象的反应，并且可以运用这种意识来选择或者制定与服务对象相关的决策
层次 3i（综合层次）： 这个层次的受督导者跨越多个领域，使得以上三个层次同时发生。受督导者的任务是掌握跨领域的专业实践的个性化方法，并且能够轻松运用，以完成跨领域的整合。这一层次的受督导者对自己的长处和短处有强烈的意识			

资料来源：Bernard, J. M., Goodyear, R. K. Fundamentals of clinical supervision (5th ed.). *Fundamentals of Clinical Supervision*, 2012: 36.

综合发展模式将受督导者的发展过程划分为四个层次，每个层次都在自我－他人意识（认知与情感）方面（Self - Other Awareness: Cognitive and Affective)、动机方面和自主性方面上表现出显著的特点，这三个方面同时也是督导者评估受督导者专业成长的三项指标（见表4－2）[①]。自我－他人意识（认知与情感）指的是受督导者的自我关注、对服务对象世界的认知以及对自我意识的启发，认知成分描述了跨层次思维过程的特征，情感成分考虑了诸如焦虑等情绪层面的变化；动机指标反映的是受督导者在临床训练和实践中的兴趣、投入和努力程度；自主性反映的是受督导者表现出的独立性[②]。

综合发展模式这种线性发展取向的督导模式遭到许多人批评和质疑，因为它所预设的发展路径已经暗示了偏离发展路径的实践者是不合格的、有问题的，而且这种模式忽视了受督导者的差异性、督导关系、权利、文化等因素对督导过程的影响。但是总体来说，发展取向的督导模式对评估工作者的技巧与能力提供了指引性的参考。有效使用发展督导模式的关键在于，督导者首先需要明确没有任何发展路径可以直接复制到受督导者的职业生涯中，而有关发展层次的理论取向只是帮助督导者提升敏感性的工具，让督导者对受督导者的变化和进步保持充分的警觉。

第三节 优势取向的督导模式

随着优势视角在实践中的应用越来越广泛，优势取向的督导模式也得以发展。在倡导优势实践的督导氛围中，强调“与受督导者共在”，督导的焦点也随之转向发展以受督导者为中心的督导过程，督导的重点在于凸显在督导专业实践中督导者与受督导者共同建构的想法部分[③]。优势取向的督导实践不赞同督导者主导或者“修正”受督导者的目标和观点，而是注重与受督

---

① Bernard, J. M., Goodyear, R. K. Fundamentals of clinical supervision (5th ed.). *Fundamentals of Clinical Supervision*, 2012: 35.

② 同上.

③ Edwards, J. K., Chen, M. W. Strength－based supervision: Frameworks, current practice, and future directions: A wu－wei method. *The Family Journal*, 1999, 7 (4), 351.

导者一起创造优势为本的督导关系，聚焦于改变的潜力和可能性，发展多元的观点[①]。最近十几年的督导文献中，经常被提及的是爱德华兹和陈（1999）发展出来的优势为本的督导模式。另外，值得注意的是，焦点解决的督导模式因其注重识别受督导者的优势、能力和解决方案的实践途径[②]，而导致出现一些督导模式，将优势－焦点解决督导模式整合在一起。

一、优势为本的督导模式

优势为本的督导模式源自20世纪80年代兴起的优势为本的社会工作实务模式。优势为本的社会工作实务模式的特点在于将能力与优势的发掘和激发作为改变的焦点，而不是对问题和缺陷的识别和诊断。优势为本社会工作实践的发展也促使督导领域对传统的督导模式进行重新审视，发现大多数传统的督导模式与传统的专业实践并行，过多地将关注焦点集中在受督导者运用实践技术时的不足，专注于寻找受督导者做错的或者做得不够好的方面，以便给受督导者提供指导和补救方案[③]。

爱德华兹与陈提出的优势为本的督导模式的实践框架以两个元框架（mete－frameworks）为理论基础，其一是由来自后现代主义关于人－系统互动的观点形成的后现代主义督导观。在后现代主义督导观的实践中，督导者并不被认为比受督导者更了解专业服务中的“真实”，不同于传统督导视角下把督导者视为专业服务的专家。督导的重点在于批判意识的培育，能够深究特定政治和社会语境下的督导对话中的话语意义，强调意义的创造过程和现实的建构过程。因此，后现代督导观的工作通常朝向通过对旧

---

① Davys, A., Beddoe, L. 社工督导：理论与实务［M］. 曾焕裕，刘晓春，译. 台北：洪叶文化事业有限公司，2016：34.

② Gray, S. W., & Smith, M. S. The influence of diversity in clinical supervision: A framework for reflective conversations and questioning. *The Clinical Supervisor*, 2009, 28 (2), 158.

③ Edwards, J. K., & Chen, M. W. Strength－based supervision: Frameworks, current practice, and future directions: A wu－wei method. *The Family Journal*, 1999, 7 (4), 350.

叙事的解构和新叙事的建构创造新的改变空间，是对受督导者优势的发掘而不是缺陷的放大，关注受督导者的改变潜力而不是限制，注重未来的改变可能性而不是过去的问题界定，吸纳多元化的观点而不是认同普遍的宏大叙述。

优势为本的督导模式另一个元框架则来自督导者/实践者/服务对象关系的同构性质这一观点（isomorphic nature）。同构是指“形式的同一性或相似性”，任何两个相连的系统在两者之间存在相似性的时候，就被认为具有同构性质[①]。同样的原则或者想法可以应用于多个层面的系统，在督导过程中这意味着在一个层面（即督导）发生的情况可能会在另一个层面（即服务实践层面）重复，这种相互关联的系统之间存在内在联系，因而不同层面的交流对另一层面具有潜在的影响[②]。也就是说，如果督导者期望受督导者在实践中与服务对象保持的是平等、合作、共同建构意义、一起寻找解决方案的实践氛围，那么在督导过程中，也需要督导者传递给受督导者非层级的、非专家主导的合作与共同创造的督导理念，并且在具体的督导过程中体验到它的实现方式[③]。只有这样，受督导者才能把这样的合作与共同创造的理念和经验运用到自己的专业服务中，实现与服务对象的专业合作关系发生根本的转变，达到优势为本的核心理念。在具体的实施过程中，优势为本的督导模式具有以下几项重要的原则[④]：

（1）所有的实务工作者都拥有能被挖掘的优势。督导的过程需要聚焦于未来，而且需要相信受督导者会成功，“而非整天讨论问题的谈话”。同时，也要相信受督导者能够在未来的改变中建构更好的胜任能力。

---

① Edwards, J. K., & Chen, M. W. Strength - based supervision: Frameworks, current practice, and future directions: A wu - wei method. *The Family Journal*, 1999, 7 (4): 351.

② 同上：352 - 353.

③ 同上：349 - 357.

④ Davys, A., Beddoe, L. 社工督导：理论与实务［M］. 曾焕裕，刘晓春，译，台北：洪叶文化事业有限公司，2016：33 - 34.

（2）受督导者是自己生活的专家。督导者需要激发受督导者对于未知的安适感，同时还需要帮助受督导者接受经验建构的多元性，聚焦于受督导者这些经验是否能够有效地解决问题，而不是以问题解决的专家自居。

（3）搁置想法与假设。督导者需要搁置自己的想法与假设，因为只有这样，督导者才能开放自己，用心倾听受督导者的故事。

（4）挖掘受督导者的潜力。督导者需要支持受督导者自己确定的努力目标，并且让他们在工作中尽可能展现自己的能力。特别在督导过程的开始阶段，作为督导者需要鼓励受督导者采用一种安全的步骤来讨论一些挑战性问题。

（5）积极语言的使用。督导者需要给受督导者以希望，尽量避免使用“问题”“病症”“治疗”等病理式的解释语言。

总之，优势为本的督导模式倡导一种以优势为本的督导理念，不是聚焦于受督导者的“问题”和“不足”，而是关注受督导者自身的能力和优势，强调通过搁置想法与假设以及积极语言的使用挖掘受督导者的潜力，给受督导者以改变的希望。

二、优势为本——焦点解决[①]的督导模式

优势为本的督导模式提及的同构这一概念同样也适用于焦点解决模式。焦点解决的督导（Solution - Focused Supervision）是由精要治疗（Solution - Focused Therapy）模式发展而来的，这一模式受社会建构主义观点的影响，关注语言在人们改变过程中的作用。精要治疗模式把语言视为语境，认为“语言”是在与他人的交往中发生的，具有沟通交流的作用。在精要治疗模式看来，语言不仅是个人分享经验的工具，它还涉及对尚未明

① 注：在社会工作领域，对“Solution - Focused Therapy”有两种译法——焦点解决或精要治疗模式。在本书中，为方便区分，当论及督导模式时，我们采用“焦点解决”的译法；当论及临床服务模式时，我们采用“精要治疗”的译法。这样区分的一个重要原因是如第一章对社会工作督导的界定中所提到的，我们将专业督导视为一个学习的过程，而不是治疗的过程。

说的话以及尚未发生的个人经验的分享。由于一个人的经验是在不断变化中的，从这个意义上说，对语言内涵的理解需要通过更多的不同层面的对话才能寻求到语言的丰富内涵。在精要治疗的实践技巧中最具代表性的就是“奇迹问题”。这种提问方式既有目标设定的意图，假设未来某个时候“奇迹”出现，也有对积极方面的关注，强调“奇迹”出现后的生活改变的具体呈现。由于在临床实务工作中，精要治疗模式的有效性已经得到广泛的验证[①]，因此越来越多的研究者和实践者开始讨论以焦点解决为中心的督导模式。

精要治疗模式的关注焦点在于强调生活本身就是不断变化的，“变化”是唯一不变的东西，围绕着“变化”就有不同“故事”的可能性的出现，这些“故事”不是按照时间顺序重新叙述经验。在此基础上发展起来的焦点解决的督导模式也强调参与谈话的督导者与受督导者之间发生的“故事”，这些“故事”就是督导者与受督导者相互探索和创造新的意义的过程。从这个角度而言，督导过程最重要的是通过谈话获得个人的改变和成长，需要吸纳焦点解决方法。焦点解决方法的一个独特之处就在于它侧重于发展性的谈话，以超越问题的假设为前提引发人们潜在经验的呈现，在人们取得一些成功之后给予积极的反馈，同时关注人们生活中不同“可能性”的探索。焦点解决的督导模式也认同督导过程中三个不同时间段的划分，即过去、现在和未来，但是与许多集中探讨过去的经验、动机和历史影响的模式不同，它将关注的焦点放在了未来，把未来放置于优先地位，强调当前的成功经验是可以引发、最容易触及成功未来的活动[②]。丽塔总结了焦点解决模式督导的四项基本假设：第一，受督导者不可避免地需要与督导者在很多方面合作；第二，督导者需要找出并且放大受督导者的卓越行为，以强调正面的经验以应对目前工作上的挑战；第三，受督导者平

---

① Gray, S. W., & Smith, M. S. The influence of diversity in clinical supervision: A framework for reflective conversations and questioning. *The Clinical Supervisor*, 2009, 28 (2), 158.

② Thomas, F. N. *Solution-focused supervision: A resource-oriented approach to developing clinical expertise.* Springer Science & Business Media, 2013, 49.

时只会用过去有效的介入技巧，只有当督导过程受到阻碍时，才会主动寻找和尝试新的介入方法；第四，受督导者能够在督导过程中通过督导者的指引找到学习的目标。托马斯（1996）也提出了运用焦点解决督导模式的基本原则①：①督导者需要避免采取说教的方式，为受督导者提供一种学习的机会，使他们能够利用自身的内部资源来打破束缚，从而开始尝试独立开展服务并且能够作出适当的改变；②当督导过程遇到“阻力”时，与其试图消解受督导者对建议或者反馈的抗拒和抵制，还不如提倡一种协作的学习氛围，以便使受督导者能够接受新的选择和努力方向；③注重受督导者行为方式的积极改变，而不是关注他们的问题或者不足，使受督导者能够感受到成功的可能；④为了有效利用督导时间，督导者可以运用“滚雪球”或者“涟漪”效应，鼓励受督导者为每个会谈时段设置许多小的而且能够达成的目标；⑤督导者需要明确督导过程不是试图激发或者促使个人人格发生戏剧化的改变，而是对可能发生的事情的理性处理。托马斯强调，督导不是治疗，也不是被问题包围着的谈话或者引发痛苦感受的个人分析，而是注重成功导向的行为改变。

表4－3　焦点解决督导模式的提问技巧与示例

问题类别	目的	示例
奇迹问题	引发对未来发展的愿景，为目标设定提供导向	如果今晚发生了奇迹，你的技能增加了，你会发现自己的行为有什么不同吗
例外问题	发现可能性	从上次会谈到现在，你的工作中有哪些是进行得很顺利的 如果你感到更有自信，你会怎样做
应对问题	发现应对逆境的人们的具体行为，为解决问题提供基础	这听起来几乎是不可逆转的，什么可以帮助你应付 你怎么防止事情变得更糟

① Presbury, J., Echterling, L. G., & McKee, J. E. Supervision for Inner Vision: Solution - Focused Strategies. *Counselor Education and Supervision*, 1999, 39 (2), 150 - 151.

续表

问题类别	目的	示例
测量问题	设定成功的期望	在1—10的范围内，1代表问题最严重，10代表问题完全解决，今天你感觉你正处在哪个程度 当你正在从程度2前进到3时，你觉得会发生什么变化

资料来源：整理自 Beddoe, L., Davys, A. *Challenges in professional supervision: Current themes and models for practice.* Jessica Kingsley Publishers. 2016: 77-78.

优势为本/焦点解决的督导模式不仅有抽象的哲学层面的原则作为理论支撑，同时还有很多实用的工具与方法作为技术支持，这为督导者的督导实践提供了有益的参考。特别是精要治疗中的许多辅导技巧已经被拓展并且应用到焦点解决的督导实践中，包括其中一系列的提问技术，如奇迹问题（miracles questions）、例外问题（exceptions questions）、应对问题（coping questions）、测量问题（scaling questions）等（有关这些问题的目的及示例见表4-3）。珀斯博利等人（1999）特别指出，在督导过程中督导者可以运用前置虚拟语言（Presuppositional Language）进行提问，以引导受督导者发现例外情况的效用。"前置虚拟语言"与"虚拟语气的语言（Subjunctive Language）"不同，前者是假设一种确定性，后者是假设一种可能性。另外，前置虚拟疑问句不使用"是"或"否"的答案，能够反映出对改变的正向期待，例如，"在你越来越能够处理这种情景时，你如何知道自己变得越来越棒了?""当你更有信心地与你的服务对象讨论事情的时候，你会注意到什么呢?"这些问题背后的信念是：凡事都有例外，总有能够让问题得以解决的环境与机会，因而服务的重点在于提供这样的机会并且鼓励当事人对改变产生更大的自信[①]。

① Presbury, J., Echterling, L. G., McKee, J. E. Supervision for Inner Vision: Solution-Focused Strategies. *Counselor Education and Supervision*, 1999, 39 (2): 148.

第四节　反思学习取向的督导模式

督导过程往往是对专业实践进行批判反思的场域，同时也是学习的场域。从这一过程中，受督导者期待有所收获，可能是增加新的知识，也可能是增添新的感悟。不论是何种类型的督导或者以何种形式开展的督导实践，实践中的反思与持续学习是督导者和受督导者都需要关注并且能够促进职业发展的要素。近 20 年来，已经发展出许多反思学习取向的督导模式。这些督导模式帮助督导者探索如何在督导过程中既能够促进受督导者反思，同时又能够确保对自己实践的批判反思意识，并且还能够将反思模式与学习模式融合起来。

一、反思、学习与督导实践

在本章第一节中已经提到，督导的理论知识包含三个层面，而每个层面又涉及诸多理论模式，但这并不意味着，只要能够全部掌握这些层面的现有知识，就可以开展有效的督导。实际上，理论知识是不断变化的，根本无法达到饱和，只要个体不断成长，只要社会不断变化，就会使得有关人与社会环境的知识永远处于发展之中。因此，从动态的视角来看，在督导过程中促进“理论与实践的融合”不仅仅是将现有的理论应用于实践工作中，而且同时还包括对不断发展的新的理论知识的学习、理解和运用，或者将现有的有效实践经验发展成新的理论，当然其中也包括对已经不符合当前社会发展需要的理论作出判断和扬弃。尽管在督导的发展过程中，一直存在教育功能与行政功能谁占主导的争论，但是不论对督导者还是受督导者来说，“学习”始终是督导实践最核心的主题，进行有效督导实践的一个关键性因素是学习如何给予以及接受反馈①。

督导者如何整合新的知识并且将它们运用到督导实践中指导受督导者的学习，这是每一个督导者需要关注和思考的问题。如果督导的目的是帮助受督导者在他们所从事的实际工作中学习，那么督导的过程也就变成督导者与受督导者相互学习的过程。这样的督导理念转变推动了将学习模式与督导实践结合的浪潮，以提升督导的成效。这些模式中常见的包括行动后回顾模式（the After Action Review）、经验学习圈模式（the Experiential Learning Cycle）、反思学习模式（the Reflective Learning Model）等②。学习取向的督导模式认为，学习的焦点是受督导者的专业实践，督导者只是受督导者学习的促进者③。也就是说，督导者的主要职责是创造支持的学习环境，为受督导者提供从事实践中学习的支持关系、支持环境和方法策略，而受督导者需要将督导过程中学到的新东西带回到实践工作中，带动专业服务的改变④。因此，在督导过程中，为创造良好的学习环境而需要不断准备策略并且进行灵活调整的人是督导者，不是受督导者，作为学习的促进者，督导者需要主动了解、发现并且适应受督导者的学习方式⑤。一份有关督导的文献回顾研究表明，几乎高达82%的研究所描述的结果与库伯（1984）所提出的经验学习圈相符⑥。库伯在其经验学习圈理论的论述中将学习定义为“通过经验转化创造知识的过程”，这一过程需要历经具体经验（concrete experience）、反思（reflection）、抽象化概念（abstract conceptualization）和主动实验（active experimentation）四个阶段⑦。这一

---

① Carroll, M. Supervision: Critical reflection for transformational learning (Part 2). *The Clinical Supervisor*, 2010, 29 (1), 1.

② 同上：3.

③ 同上：1.

④ 同上：1.

⑤ Carroll, M. (2009). Supervision: Critical reflection for transformational learning, Part 1. *The Clinical Supervisor*, 2009, 28 (2), 216.

⑥ Davys, A., Beddoe, L. 社工督导：理论与实务［M］. 曾焕裕，刘晓春，译. 台北：洪叶文化事业有限公司，2016：29.

⑦ Kolb, D. A. Experiental learning. *Englewood cliffs*. 1984: 38.

学习模式指出，学习过程始于学习者“充分”参与的“具体经验”，即学习者不仅注意到了已经发生的事，而且还在当下对这件事赋予了意义和价值，因其对事件的关注和重视，学习才可能得以发生。换句话说，只是“有一个要学习的经验是不够的，因为经验可能会被压制、否认或者被视为无关紧要的”①。可见，在督导过程中，学习不是一个处于真空中的独立事件，而是通过“反思”这一媒介将实践场域中发生的经验与督导过程中产生的知识进行连接。

舍恩（1983）提出的反思性实践是人们谈及反思性取向社会工作实践时最为广泛引用的观点。他提出有两种不同的反思形式：“在行动中反思（reflection in action）”与“对行动反思（reflection on action）”②。“在行动中反思”是指社会工作者在开展社会工作的服务过程中有意识地对行动的情境进行观察和思考，通过行动策略的不断调整，在服务过程中寻找到有效的应对方法。可以说，这是一边行动，一边反思。“对行动反思”是指社会工作者在行动之后对行动进行思考、分析和评价，以便为下一次的服务过程找到有效的应对行动。这是行动之后再反思的方式③。值得注意的是，这两种反思都是针对特定实务场景的行动而产生的反思，而且反思的焦点都集中在行动上，不是行动者的想法、感受、观察视角等内部心理状况，或者观察到的环境、他人、机构等外部环境状况。之所以强调这样的行动反思，是因为舍恩一方面想说明这样的反思是生活场景中的反思，是对实际情况的把握，而实际情况永远复杂于理论，因而也只有借助反思才能弥补实践与理论之间的鸿沟；另一方面想借助行动的反思强调知道怎么做并不等于能够做，而怎么做的过程就会遇到不可预期的困难，其中就需

---

① Morrison, T. Staff supervision in social care: Making a real difference for staff and service users. Brighton: Pavilion. 2001: 137.

② Payne, M. Social Work Theories and Reflective Practice. In Adams, R., Dominelli, L., and Payne, M. (Eds.) Social Work: Themes, Issues and Critical Debates. Basingstoke: Palgrave, 1998: 125.

③ Davys, A. ‘A Reflective Learning Process for Supervision.’ In L. Beddoe and J. Worrall (Eds.) Supervision: From Rhetoric to Reality. Auckland: Auckland College of Education. 2001: 87.

要反思来帮助解决怎么做过程中的困难。显然，这两种形式的行动反思都可以增进社会工作者对实践的理解，促进新的实践知识的产生。督导就是一种“对行动反思”，表现为受督导者将督导过程中产生的知识和理解内化为自己专业实践知识的一部分，从而为“行动中反思”提供基础①。具有反思性的实践不仅涉及行动中的自我意识，还涉及对所知道的、所做的以及为什么要这样做的理由的审视。因此，就如同有效的学习需要对经验进行反思一样，反思实践也需要从经验中学习——通过对经验的回顾，分析自己的想法、感受和行为，然后从分析中学习②。

鲁赫（2012）认为反思性学习囊括了四种反思形式：技术的反思——与技术理性和经验认知水平相关，即将工作成效与知识层面的“什么是应该去做的”相比较；实践的反思——来自舍恩的观点，将“行动后反思”转变为“行动中反思”，暗示知识的获取并非完全遵循“自上而下”（指通过从实践情境之外获得的正式理论学习来建构知识框架）的途径，“自下而上”（从特定的实践中获取知识）同样重要；加工的反思——起源于精神分析学说，包括无意识过程的影响与在专业判断上直觉反应的觉察；批判性的反思——指深知我们的理解仅仅是片面的、是不断进化的，并且会受到社会和政治脉络所影响③。批判的反思鼓励质疑强势关系和由我们看待世界的视角所形成的假设带来的影响，它涉及道德和伦理标准的考虑等④。批判性的反思与无意识和有意识的理解以及我们的思想和感受有关，所有这些都可以对实践产生影响，进而改变实践⑤。

---

① Davys, A. ‘A Reflective Learning Process for Supervision.’ In L. Beddoe and J. Worrall (Eds.) Supervision: From Rhetoric to Reality. Auckland: Auckland College of Education. 2001: 87.

② Howe, D. *A brief introduction to social work theory.* Palgrave Macmillan. 2009: 171.

③ Jane Wonnacott. 社会工作督导［M］. 赵环，魏雯倩，等，译，上海：华东理工大学出版社，2015：16.

④ Ruch, G. Self and social work: Towards an integrated model of learning. Journal of Social Work Practice, 2000: 14 (2): 99 – 112.

⑤ 同上.

二、反思能力学习模式

反思能力学习模式（Reflective Competence Learning Model）（Taylor，2007）重点解释了学习历程中不同阶段或者层次的进程。在学习过程中，实践者对自己的发展有所意识，有助于深化经验和知识的应用能力。这一督导模式将个人学习的进程划分为五个具体阶段：没有意识到缺少能力（unconscious）、意识到缺少能力（conscious incompetence）、有意识的能力（conscious competence）、无意识能力（unconscious competence）和反思的能力（reflective competence）[①]。显然，可以形象地将前四个阶段理解为“不知道自己不知道”“知道自己不知道”“知道自己知道”以及“不知道自己知道”四种能力的意识状态。

“不知道自己不知道”的状态是一种没有意识到自己不足的状态，它通常是由于缺乏特定领域所需要掌握的相关知识和技巧而导致的能力不足的情况，当然，也往往没有意识到学习的需求。对于处于这一阶段的受督导者，督导者需要协助其认识到对该领域相关知识的了解将给他们的工作带来的益处，相反，如果不掌握该领域的相关知识，将使他们的工作面临挑战，甚至陷入无法胜任的困境中，从而激发他们学习的动力。从“不知道自己不知道”的阶段过渡到“知道自己不知道”的阶段，受督导者会发现自己的不足，并且意识到只有通过学习，才能提升自己处理事情的有效性。当受督导者意识到自己能力不足带来的麻烦后，他们往往会作出承诺来学习新的知识，提升自己的专业服务技能。通过寻求指导和努力学习等方式，受督导者能够进入“知道自己知道”的阶段，意识到自己在某个领域具备了哪些能力。不过，在具体的实践过程中，受督导者还需要集中精力、不断思考以确保正确使用相关的专业服务技能。随着实践中的不断深入，专业服务技能的应用变得越来越熟练，逐渐进入大脑的无意识部分，

---

① Howe，K.，Gray，I. Effective supervision in social work. Learning Matters，2012：78 – 79.

形成“第二天性”，即在不知不觉中就能够正确使用这些专业服务技能，而不需要通过仔细的思考过程。这个时候，专业服务技能的应用已经基本上变成了一种“本能”，进入“不知道自己知道”的阶段。当然，这种状态既是技能精熟的一种表现，但是同时也存在着对自己的能力过度自信的问题，这种过度相信自己判断的状态也可能给受督导者带来风险，因为这种状态很容易让受督导者忽视正在发生的一些变化，看不到需要进一步学习新知识和新技能的要求，重新陷入“不知道自己不知道”的状态。因此，反思学习能力模式认为，学习进程中最重要的阶段是获得“反思的能力”，这是对自身的“无意识能力”的挑战，意识到过度自信或者依赖于自发的判断可能引发不良的结果。在反思能力的阶段，受督导者在督导者的帮助下需要重新审视自己“知道”的部分，可能因此会再次发现自身的知识漏洞，激发改进的动力，同时也会意识到成熟的实践是一个不断循环、持续学习的过程①。

反思能力学习模式将“反思能力”作为学习进程中的最重要层次。这意味着，实践者需要意识到学习是一个永不停息的过程，要想成为经验丰富的实践者，就需要将自己不断放置于新的、充满挑战的处境中。如果将督导过程视为一个学习的场域，那么在这一过程中，不论是督导者还是受督导者，都需要对自身的知识和技能的掌握程度有所意识，知道自己的不足，并且能够通过不断学习补充自己的不足，这不仅有助于将经验与知识进行连接，同时也是督导者对受督导者所掌握的知识和技巧进行判断的一个重要依据。

三、反思学习督导模式

反思学习督导模式（Reflective Learning Model for Supervision）（戴维斯，2001）是将反思实践与库伯的经验学习圈理论融合后在督导实践中的

① Howe, K., Gray, I. Effective supervision in social work. Learning Matters, 2012: 78 – 79.

有效尝试，这一模式认为，督导实践的关键在于如何使用和发挥个人的经验[①]。反思学习督导模式的理论假设包括四个主要方面：①督导是一个“学习过程”，是帮助受督导者从经验中寻找问题解决办法和产生新的理解的过程，它借助的主要学习工具是反思；②知识和智慧并非由督导者提供，而是来自受督导者自身拥有的经验；③思维与场景是相互关联、互为影响的，督导者需要以整体性的视角来理解受督导者在日常服务中遇到的复杂情况，学会聚焦于整体的经验；④督导者需要做的是“促进受督导者思考方式的改变，而不是直接为受督导者提供一个可以‘做’的蓝本”[②]。显然，反思学习督导模式与反思能力学习模式不同，它把反思视为一种“学习过程”，需要与受督导者的服务场景和实务经验联系起来。

在操作层面，反思学习督导模式提出了一个从开始阶段、反思学习阶段到结束阶段的指引框架。其中，反思学习阶段是整个督导过程的核心，它协助受督导者完成反思学习的具体过程，而每一次的反思学习需要经历“事件（The Event）—探索（Exploration）—实验（Experimentation）—评估（Evaluation）”四个步骤，而且这四个步骤不是线性展开的，是相互循环的。即使在一次督导会议中，也可能会经历数次循环过程，直到受督导者此次带到督导会议的议题全部得到解决或者到时间结束为止。显然，反思学习督导模式为督导者提供了对受督导者的实践经验进行反思学习的指导框架。在这一模式中，督导者经常会运用“讲故事”的技巧来引导受督导者的经验反思过程。在受督导者叙述与此次督导议题相关的经验事件时，督导者通过聆听与提问等技术，确保受督导者围绕想解决的问题来描述事件的相关情况，以避免陷入事件的细枝末节之中，或者因过度的情感投入而忽略当下要处理的议题。虽然在督导过程中，绝大多数的时间需要用来探讨和解决受督导者的工作相关议题，但对督导实践本身进行反思学习也是不可或缺的。正如卡罗尔所描述的那样：“反思是一个过程，当我

---

① Morrison, T. Staff supervision in social care: Making a real difference for staff and service users. Brighton: Pavilion. 2001: 57.

② Davys, A. Beddoe, L. Best Practice in Professional Supervision: A Guide for the Helping Professions. Lodon: Jessica Kingsley Publishers, 2010: 44 - 45.

们把自己看成是‘他者’时，反思在‘我们自己之外’的同时，仍然在‘我们自己内部’来回移动。我们有意识地让自己成为观察对象，研究自己，从自己的行为中学习。”①

第五节 行政管理取向的督导实践

在回顾督导的发展历程时可以发现，精神分析思潮对社会工作的专业实践以及社会工作督导实践产生了深远的影响，加之在发展之初督导领域就出现了以教育功能为主还是以行政功能为主的地位争论，使得西方社会工作督导的实践中，心理治疗策略与行政管理策略几乎成为最传统的两种实践策略②。尽管自 20 世纪 80 年代起，对督导的行政管理功能的强调一度受到来自社会工作界不同领域的批评，但是心理治疗策略的督导也曾因为过度关注受督导者的个人发展而忽略了社会条件的限制受到人们的质疑③。豪与格雷（2012）对督导的心理治疗策略与行政管理策略进行了区分（见表4－4），他们指出，明确这两种实践策略的不同及其相互之间的张力，对督导者与受督导者来说都是至关重要的，因为在关注受督导者个人成长的同时需要把控服务的效益与效率，这是保障有效督导实践的重要挑战。

表 4－4 心理治疗策略督导与行政管理策略督导的对比

心理治疗策略	行政管理策略
主要关注的是个人成长与发展	主要关注的是案例管理和服务质量
受督导者选择督导者往往是自愿性的、保密的	督导者是受委派的、强制性的 督导记录有时要向所在组织公开，保存的记录是机构财产

---

① Carroll, M. Effective Supervision for the Helping Professions (2nd edition). London: Sage, 2014: 13.

② Howe, K., Gray, I. (2012). Effective supervision in social work. Learning Matters, 2012: 4.

③ 同上.

续表

心理治疗策略	行政管理策略
关键过程是反思与对话	关键过程是对案例及其进度的回顾审查与跟进
关注互动和心理社会过程	关注需求评估、目的、服务计划和风险管理
督导者通常没有管理职责或不涉及工作量的管理	督导者有广泛的管理职责，包括工作的分配
通常与绩效评估是分隔开的	与绩效考核紧密结合

资料来源：Howe，K.，Gray，I. *Effective supervision in social work.* Learning Matters，2012：4.

像社会工作专业实践一样，督导也是多面向的，这种多面向体现在督导的工作范围、发挥的功能、处理的任务以及参与的对象等多个不同方面。这种多面向的特性使得要实现有效的、高质量的督导，就不仅仅需要借鉴心理治疗策略中的临床技能，同时也需要掌握督导的行政管理取向的实践技能。在本章之前介绍的几种社会工作督导的实践模式，虽然各自都有不同的特点，不过它们关注的是如何直接促进受督导者个人能力的提升，即如何促进受督导者专业技能的改善，这些督导模式推崇的是督导双方进行面对面的双向互动。本节所描述的督导的行政管理取向就有所不同，它关注的焦点是督导者如何将督导的任务贯彻到具体的督导实践中，更偏向于督导者与受督导者进行的管理取向的沟通，以期对督导实践有一个整体的把握。

一、督导中的行政管理

有效的行政管理对专业服务质量的保证以及督导者和受督导者满意度的提升至关重要。不过，需要注意的是，当人们提及督导的行政管理职能时，通常关心的是督导者对受督导者的工作行政权责，但是实际上，督导中的行政管理是对督导工作本身的管理，它既包括对受督导者的工作量与工作绩效的评估，也包括对服务案例的管理与跟进，以及对督导者自身工作安排的管理。虽然针对督导过程的管理常常被视为督导者的一项工作职责，但是在实际的督导实践中，受督导者对督导过程的有效管理也负有一定的责任。因此，督导中的行政管理就不仅仅是督导者单方面要求受督导者做的事情，相反，它实际上是需要督导者与受督导者相互配合、共同完成的活动，双方合作才能为督导质量的保证奠定基础。

督导中的行政管理涉及许多基础性的事务，包括制定督导合约、设置督导计划、维护督导记录等。对于督导者和受督导者以及服务机构来说，督导合约的重要性是不言而喻的，它作为一种书面契约对督导的时间、频率、时长、记录的管理、议程的设置等内容作出规定性的说明，为督导各方的职责分清了界限，对督导过程提供了结构性的指引，同时，它也可以作为评估督导效果的依据。值得注意的是，督导合约如果仅仅停留在通过协议的约束确保督导这一事件“发生”，是远远不够的，它需要以真正能够带动未来良好督导关系的建立和维护作为基准。一份有效的督导合约除了能够为受督导者提供平等对话的权利和将督导过程放置在分享经验的基础之上，同时还需要能够给督导者和受督导者创造高质量的督导关系提供保障，并且由此来规范督导双方在沟通过程中的行为①。

督导计划同样也是督导工作安排中不可或缺的一项任务。在实际的督导会议中，由于时间的限制，往往不可能对专业服务中的每一项工作或者每一个案例进行细致的讨论，因此也就需要考虑可以承受的工作量，排出工作的先后顺序，制订督导的具体计划。当然，督导者与受督导者也没有必要在每个环节都深入谈论专业服务的具体开展过程和个人成长发展的改变过程。实际上，最为重要的是，在督导的安排中需要平衡好行政任务、临床指导以及个人发展等几个方面的工作，以防因某一方面的要求而忽视其他方面的工作。另外，督导者、受督导者和其他相关负责人也需要定期回顾并且制订季度性的督导工作计划，通过回顾上一阶段督导会议目标的实现情况以及当前的需求状况，调整下一阶段的督导工作计划安排。例

---

① Howe, K., Gray, I. Effective supervision in social work. Learning Matters, 2012: 7.

如，当案例管理的需求增加时，每一次督导会议中对案例的讨论就需要占据主导的位置，这样就可能导致压缩其他方面督导议题的探讨时间，因此，预留出足够的时间举行专项议题的督导会议，集中解决当前工作中面临的难题，是十分必要的。这并不是说，案例管理不涉及专业的临床指导和个人的成长发展议题，而是通过专项议题的督导会议有机会针对那些不那么紧迫但同样重要的问题进行反思和探讨，加深受督导者对不同专项议题的理解，从而能够更有效地促进受督导者的能力提升①。

做好督导记录工作也是督导中的一项行政管理任务，它能够帮助督导者与受督导者随时总结和反思自己在督导工作中的表现。通常，督导过程中的相关讨论和决定需要添加在督导案例的记录中，由督导者负责，并且经过受督导者的确认签字后才能存档。督导双方可以采用录音或者笔录方式进行记录，这两种记录方式各有利弊，主要依据使用者的习惯而选取适合的记录方式。无论采用何种方式，作为督导者通常在记录时需要注意以下几点：简要、准确和及时地记录主要的讨论观点和决策，记录会议中达成的某些协议，保留有关案例档案，记录过程不应妨碍督导者与受督导者之间的互动。

二、督导案例管理流程

督导的主要目的是根据专业服务要求提供建议以确保任务妥善执行，进而保证专业服务的品质。作为督导者，把控受督导者的工作进度和服务状况是其工作的基本要求。值得注意的是，由于社会工作服务本身具有规划性，督导者在对受督导者负责的案例进行跟进时，也需要遵循案例管理流程（The Case Management Process）（见图4－2）。例如，在新分配的案例中，开始阶段最重要的是收集相关信息；然后，需要分析这些信息以确定服务的需求，设定服务的目标；接着，利用这些信息制订案

① Howe, K., Gray, I. Effective supervision in social work. Learning Matters. 2012: 9.

例计划；最后，通过督导会议监督任务的执行情况，并且审查服务的进度。如果没有按预期的计划执行或出现了新的情况，督导者和受督导者需要再次进行分析和评估，明确相应的服务需求和目标，同时调整服务计划①。

在督导案例管理流程的每一个阶段，都可能遇到影响服务质量的重大问题。其中常见的问题包括：信息收集不够充分且带有主观偏见、分析不够深入、需求和目标缺乏挑战性、风险评估不足、计划缺少创新性（包括计划依据的是现有服务标准而不是服务对象的需求）、没有跟进计划或者跟进计划过于苛刻以及监督、回顾与评估流于表面等②。因此，督导者需要对案例进行审核，以确保没有出现影响服务质量问题；一旦出现问题，需要及时识别，并且迅速讨论解决的方案。

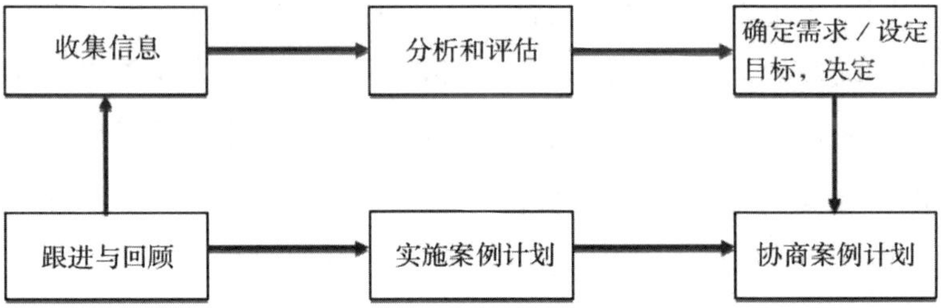

图4－2　案例管理流程

案例管理流程为督导者和受督导者提供了一个明确的督导的程序式指引，帮助督导双方就案例进度和相关问题开展讨论。受督导者可以参照这一案例管理流程，按照流程的要求向督导者提供督导所需要的案例资料，协助督导者正确判断当前案例的服务情况、工作进展以及接下来的计划安排等。显然，清晰的案例管理流程有助于督导者对服务进程中不同阶段的问题进行识别，也有利于督导者快速找到这些问题的解决方法。但是，使用这一案例管理流程也具有潜在的风险，如果对每个案例

---

① Howe, K., Gray, I. Effective supervision in social work. Learning Matters. 2012: 11.

② 同上.

都按部就班地进行讨论而没有经过适当深入的分析，最终是无法实现督导目标的。为避免出现这种风险，督导者需要有意识地将案例管理流程与反思和独立实践能力的培养结合起来，因为只有借助批判性反思，督导者才能深入了解案例管理过程是否合理，进而把问题解决的过程与案例管理过程融合在一起。

三、督导中的双重角色

值得注意的是，行政管理取向的督导要处理的事务仅仅是从现实中抽离出来的一小部分，而在实际场景中，情况更为复杂，特别是在当今复杂的组织环境中，许多督导者都是直接从一线转向管理层的，而且越来越多的督导者同时承担着管理者的责任。这一现实给个人的成长和专业的发展都带来不小的挑战，其中，最为直接的表现是督导者的双重角色问题：一方面督导者来自一线，与一线社会工作者是同事关系，需要给一线社会工作者提供专业支持，分享专业价值和实践经验；另一方面他们又是管理者，负责指导一线社会工作者，需要行使必要的管理权力，确保一线社会工作者能够遵循服务机构所要求实现的目标，两种角色之间自然充满了张力。在建立督导关系阶段，这种双重角色的冲突就表现得尤为明显，不仅涉及专业技术层面的困惑，也涉及价值伦理层面的矛盾。在这样的双重角色困扰中，有些督导者和服务机构采用分离督导职能的方式来寻求解决的方法，即让督导者进行管理层面的工作监督，履行督导的行政性功能，而督导的教育性和支持性功能则交由服务机构外部的督导者来完成（类似于第一章第三节督导功能中提及的行政－临床/教育功能出现相互分离的情况）。

为此，赫斯特（2001）提出了一种督导模式，这种模式融合了一系列督导者角色，使社会工作管理者能够“处理因其角色和社会服务组织运作环境引起紧张局势、冲突、争论和困境而出现的复杂性和模糊性”①。该模

① Beddoe，L.，Davys，A. *Challenges in professional supervision：Current themes and models for practice*. Jessica Kingsley Publishers，2016：185.

型集合了三种督导形式：管理督导（mangement supervision）、外部督导和同伴督导。每种督导形式都有其明确的目的[①]。与服务机构部门经理一起进行的管理督导的内容包括“实现绩效目标，并且提供服务管理、员工管理以及与政策和机构发展相关的信息（或者开展倡导服务）”，而由机构外部督导者组织的督导则促进了“管理者的批判性反思和个人学习能力的提升”。此外，由机构内部其他同事组成的同伴督导者则在“个人掌握的经验基础之上，营造机构内部互助和分享的氛围，培养一种将技能与共享结合在一起的心理模式，以便在机构内部推崇通过实际的行动创造互助学习的方式”[②]。

在我国本土社会工作的发展过程中，督导者与一线主管的职责重叠是常见的。在许多服务机构中，督导者同时也是一线主管、项目主管或者机构负责人，这种情况使得中国本土的机构督导者面临的双重角色冲突更为突出。此外，项目化的推进方式和服务的场景化特点，导致中国本土机构督导的实践形成了似乎比西方督导实践处境更为复杂的局面。实际上，中国本土机构督导的目标与西方机构督导是一致的，都是为了保障社会工作专业服务的成效和品质，不同的是，中国本土机构督导者需要处理因项目化服务和场景化服务给不同层级的工作人员带来的要求和挑战。具体而言，中国本土机构督导者因受项目化服务和场景化服务的影响，督导相关方的互动系统更为复杂，不只是督导者与受督导者之间的二元互动关系，同时还涉及服务对象、机构以及项目出资方和项目合作方等多个系统之间的相互作用，而且场景化服务也不同于机构服务，督导者只有了解了受督导者实践的工作场所之后，才有可能为其提供有效的指导。可以说，项目化服务和场景化服务使得中国本土机构督导的行政、教育和支持功能常常融合在一起。

童敏、史天琪（2018）在对中国本土社会工作服务机构实践处境和专

---

① Beddoe, L., Davys, A. *Challenges in professional supervision: Current themes and models for practice.* Jessica Kingsley Publishers. 2016: 185.

② 同上.

业服务的推进方式进行探索后，提出了一个三个层次的督导模型，即项目主管的督导、机构主管的督导和机构负责人的督导，以此来划分不同层次的督导者/管理者需要发挥的功能。项目主管层面的督导，发挥着保障本土社工机构服务输送的主要功能，即协助项目主管处理项目具体实施过程中可能遇到的各种难题，提升项目工作团队的专业服务能力，保证项目服务的成效和品质；机构主管层面的督导，发挥的主要功能是支持机构社会工作者的专业成长，即协助机构主管处理社会工作者在专业成长过程中可能遇到的各种难题，加强机构的专业人才储备，提升机构的专业服务能力；机构负责人层面的督导，发挥的主要功能是推动机构的发展，即协助机构负责人处理机构在发展过程中可能遇到的各种难题，目的是提升机构的品牌服务能力。他们同时指出，中国本土社工机构督导的三个层次是就督导功能而言的，并不意味着每个社工机构都需要设置三个层次的督导岗位，它既可以设置一个督导岗位，同时包括三个层次的功能，也可以分开设置三个督导岗位，不同的岗位负责不同的功能，或者不设置单独的督导岗位，让三个层次相应的社工岗位兼具督导的功能。不过，无论中国本土社工机构如何设置督导岗位，它都需要具备三个层次的三种功能——服务输送、个人成长和机构发展。否则，机构发展可能会出现失衡现象，不是专业服务没有成效，就是社会工作者流失严重，或者机构发展停滞不前，导致缺乏良性的持久发展机制。

第六节　督导中的文化议题

要成为一名合格的督导者，就要有能力解决督导关系以及受督导者与服务对象关系方面的多样性问题。由于文化会对人们的想法、感受和行为产生重要影响，社会工作也像其他助人服务领域一样，有关文化和文化能力方面的讨论在研究文献中处处可见。在实际的督导实践中，充分考虑督导者、受督导者、服务对象在社会文化脉络中的特性是至关重要的。可以说，督导实践是处于多元文化脉络中的专业服务活动，因此，了解督导与文化之间的关联以及如何在督导实践中践行文化能力已成为督导领域的重要议题，受到人们越来越多的关注。

一、文化脉络下的督导

有关社会工作督导领域中的文化差异，前人已作过相关研究。霍金斯和肖特（2012）认为："文化不仅仅是我们内心的某些东西，而且也存在于我们生活的环境中……存在于我们之间的空间中。"[①] 由于越来越多的服务对象与社会工作者来自不同的族群、阶级和文化处境，多样性已经成为社会工作直接服务与督导实践的重要议题，督导中遭遇不同文化的现象变得越来越普遍[②]。根据鲍威尔（1993）的观察，有一些与文化有关的督导议题需要处理：第一，文化的差异性。文化差异性可能涉及日常生活中的许多基本概念，例如有关空间、时间甚至世界本质的信念等，都可能存在文化差异。第二，文化差别与督导的相关性。文化差异到底如何影响督导的专业实践，这需要督导者认真、仔细地探究。第三，文化差异与求助行为。文化不仅影响着人们的求助内容，也影响着人们的求助方式，在专业实践中无论督导者还是受督导者都可能遭遇到这样的现象，需要给予充分的关注[③]。

徐明心与何（1997）挑战了督导方式受组织环境影响和驱动的传统观点，他们认为任何督导模式都是由相关的文化体系塑造的[④]。徐明心指出："从传统的角度来看，社会工作督导更多地被视为一种建立在组织中的间接社会工作实务。因此，组织就成为督导工作的场景脉络，研究者自然也

① Hawkins, P., Shohet, R. Supervision in the Helping Professions (4th edition). London: Open University Press McGraw - Hill, 2012: 113.

② Ming - Sum, Tsui, 社会工作督导：脉络与概念［M］. 陈秋山，译. 台北：心理出版社股份有限公司，2008：89.

③ 同上.

④ Tsui, M. S., Ho, W. S. 'In search of a comprehensive model of social work supervision.' Clinical Supervisor, 1997, 16 (2), 181 - 205.

将研究的焦点放在组织内部的督导者与受督导者之间的关系上，他们考察的重点在于：督导职权的行使、督导的契约、督导的角色和作风以及督导的功能和任务。但是，这种传统观点是有局限的，只有在将督导的过程视为仅仅涉及督导者与受督导者之间的关系，而且二者都受雇于同一个服务组织的情况下，这种观点才能成立。如果一旦有人称督导过程其实涉及机构、督导者、受督导者和服务对象四方之间的相互影响，机构就成为督导过程中不可或缺的组成部分，而不再是社会工作督导的整个脉络。”① 更为重要的是，“社会工作督导作为使能的过程（enabling process），涉及机构、督导者、受督导者与服务对象之间的相互影响和交流，而且其中所有主体都具有同一特定文化脉络中各自独特的目标。在这四者关系的交织中，一线社会工作者向督导者报告其专业介入的结果，督导者则向机构的高层管理者报告有关服务输送的关键信息，这样，机构也就有能力承担服务的责任，及时回应服务对象的需求，从而获得服务社群的支持。可见，服务对象的问题、问题的解决之道、受督导者的处理方法、督导者的角色与作风以及机构的组织目标和程序等，都深受文化影响” ②。

在对以往督导模式进行详细梳理的基础上，徐明心进一步提出了文化脉络下督导的整全模式。在整全模式中，社会工作督导的实践是在督导者与受督导者之间、机构组织的脉络以及文化脉络三个层次的互动中得以发生的。其中，督导者与受督导者之间的督导关系是社会工作督导的核心。这种督导整全模式关注到文化对督导过程中涉及的四方参与者——督导者、受督导者、机构与服务对象所带来的影响，认为不论是督导者、受督导者还是服务对象，都是社会成员，生活在某一特定的社会文化环境中，文化不仅影响社会成员如何看待自己、看待世界，而且还影响由此产生的信念和不同的价值观。督导整全模式强调，只有把社会工作督导模式放置于文化脉络下，才能从更全面的角度理解社会成员之

① Ming－Sum，Tsui. 社会工作督导：脉络与概念［M］. 陈秋山，译. 台北：心理出版社股份有限公司，2008：44.

② 同上.

间的差异以及面临的困惑。

二、督导者的文化能力

尽管文化脉络下的督导整全模式没有提出具体的操作技术，但是它对社会工作督导过程中文化元素的关注获得广泛的认同。进入21世纪后，越来越多的学者注意到文化之间的差异以及作为督导者具有文化能力的重要性，认为这是督导实践中需要考虑到的必要元素。索希利恩（2014）等人的一项定性研究考察了受督导者对督导者多元文化能力的看法以及这种看法对受督导者实践工作的影响，其中还探索了督导中的文化内容和相关干预措施。这项研究发现，督导中最常遇到的文化内容与种族有关，其次是性别和宗教/灵性，它支持了之前的研究结论，即“有意识地关注文化问题（例如对特定文化变量进行教育，讨论文化上适宜的治疗干预措施）”的督导可以提高实践者的自我意识[①]。海尔和奥多诺休（2009）指出，文化这个概念常常与种族交错在一起使用，而对人们社会身份的理解，只有将种族、阶级、性别和年龄等多方面的因素结合起来一起考虑的时候，才能准确把握。为此，他们还提出结合场域理解的重要性，强调督导者与受督导者之间的对话内容需要涉及服务对象生活场域的结构性条件——贫困、资源获取、政策和立法以及价值信念体系等[②]。同时，海尔和奥多诺休还倡导一种好奇和质疑的督导态度，假设督导者与受督导者对服务对象的生活一无所知，以避免形成某种先入为主的文化偏见[③]。

社会工作督导者的文化能力意味着，督导者在督导过程中能够意识到

---

① Soheilian, S. S. , Inman, A. G. , Klinger, R. S. , Isenberg, D. S. and Kulp, L. E. ‘Multicultural supervision: Supervises’ reflections on culturally competent supervision.’ Counselling Psychology Quarterly, 2014, 27 (4), 379 – 392.

② Hair, H. J. and O’ Donoghue, K. ‘Culturally relevant, socially just social work supervision: Becoming visible through a social constructionist lens.’ Journal of Ethnic and Cultural Diversity in Social Work. 2009, 18 (1): 70 – 88.

③ 同上：78.

文化的多样化以及不同人群产生的不同体验，并且能够在组织机构之外的社会背景下处理这些差异①。显然，任何督导者与受督导者都会把自己的世界观和信念带到督导的专业实践中，影响着专业服务过程和服务对象的改变。因此，督导者在督导实践中处理文化的关键能力包括：随时能够处理世界观方面的影响（涉及督导者、受督导者、服务对象和组织过程）、能够促进文化方面的督导讨论、能够把文化敏感纳入评估和干预措施中、能够给服务对象和边缘社区带来社会正义以及能够结合文化方面的影响酌情评估受督导者的能力②。阿金主张依据意识、知识、关系和技能四个维度来培养具有多元文化能力的督导者③。意识维度是指“督导者需要意识到他自己的文化、个人价值观、刻板印象、文化偏见以及督导者与受督导者在价值观 、交流方式、认知方向和情绪反应等方面的差异”；知识维度表示督导者的文化知识需要包括“与文化有关的政治、社会、经济方面的研究以及世界观、文化规范（语言和非言语上的差异）和情感的表达方式”；关系维度是指督导者“需要考察文化认同、期望、批评、主动性、被动性和角色等”；技能维度则是指督导者需要“在不降低专业服务质量的前提下发展出具有文化敏感性的干预能力”，敢于冒险挑战文化中的陈词滥调和各种刻板印象④。

本章小结

本章主要介绍了有关社会工作督导的理论知识，通过对现有研究中对督导模式分类的介绍，了解到督导理论模式的多样与纷杂。为了帮助督导

---

① NASW：Standards and Indicators for Cultural Competence in Social Work Practice（2015）. https：//www. socialworkers. org .

② Beddoe，L.，Davys，A. *Challenges in professional supervision*：*Current themes and models for practice*. Jessica Kingsley Publishers. 2016：48.

③ Davys，A.，Beddoe，L. *Best practice in professional supervision*：*A guide for the helping professions*. Jessica Kingsley Publishers. 2010：44.

④ 同上.

者了解和掌握具体的督导过程，本书选取了发展取向、优势为本取向和反思学习取向三个理论视角下的六种督导模式以及行政取向的督导实践进行简要介绍，系统地呈现了西方社会工作督导发展中出现的常用的督导实践模式，并且将督导置于文化脉络中，探索了督导中的文化差异、多样性及文化能力与督导的关联。在西方专业督导领域，不论是基于社会工作治疗理论发展起来的督导模式，还是基于教育学、心理学发展起来的督导模式，其理论内涵都十分丰富。遗憾的是，在本土督导研究中，目前尚未出现同时具有理论支撑、实践技巧，在本土文化脉络下衍生出来且经过经验研究验证的督导模式。这也提醒社会工作者，在专业督导实践越来越规范化、频繁化以及本土督导人才队伍逐渐壮大的状况下，一方面需要引进较为成熟的西方督导实践模式提供参考，另一方面也迫切需要经验研究验证这些督导模式在不同文化情境中的效用，以及从本土有效的督导实践经验中提炼总结出具有广泛指导意义的督导实践模式。

第五章　社会工作督导的过程和技巧

社会工作督导过程是督导者开展社会工作督导服务需要遵循的程序，这样的督导程序不仅保障了社会工作督导的规范性和科学性，而且还让督导者和受督导者有章可循，促进督导双方之间的相互交流。督导技巧则是督导者推进督导服务所需要使用的专业技术，只有熟练掌握了这些督导技术，督导者才能顺利地推进督导服务。实际上，社会工作督导是督导者与受督导者之间的动态相互影响过程[①]，互动和关系是督导过程中最重要，也是最基本的影响因素[②]。

第一节　督导的实施方式

尽管理解社会工作督导的实施方式有多种不同的角度，每种角度都有自己的价值，但是一种常见的方式是从督导的结构来看社会工作督导的实施方式。从这种观察角度出发，可以把社会工作督导分为个别督导、团队督导和同辈督导。

---

① 陈锦棠．社会工作督导：经验学习导向［M］．台北：巨流图书股份有限公司，2012：91.

② Ellis，M. V.，Bridging the Science and Practice of Clinical Supervision：Some Discoveries，Some Misconceptions. The Clinical Supervisor，2010：106.

一、个别督导

个别督导是社会工作督导方式中常见的一种，它是指由一名社会工作督导者与一名受督导者组成的督导关系，并且通过会面或者会议的方式开展的一对一的督导工作。

（一）个别督导的定义

在西方社会工作督导的方式中，个别督导是其中最主要的实施方式，它包含三个基本要素：①一对一的督导关系，即督导者针对受督导者进行一对一的指导工作。②三种功能，即督导的功能分为行政、教育和支持三个方面，涉及服务任务的安排、专业技术的指导和情感支持等[①]；③督导的频次，即督导工作需要设定一定频次，通常为一周一次，单次督导的时间通常平均在一个小时到一个半小时。因此，可以发现，个别督导不同于其他方式的督导，是社会工作督导者针对受督导者在行政、教育和支持三个方面开展多次的一对一的指导。

（二）个别督导的优缺点

个别督导具有鲜明的特点，一方面能够保证社会工作督导者就受督导者的督导需求开展深入的指导和交流，另一方面又需要社会工作督导者在每一名受督导者身上花费较多的时间和精力。这一督导方式的优缺点具体表现如下。

1. 个别督导的优点

尽管不同的学者对个别督导的优点有不同的解释，但是概括起来通常涉及三个方面：①具有针对性。在个别督导中，社会工作督导者能够与受督导者进行深入的交流，了解受督导者在工作中遇到的实际困难以及个人的发展需求，并且能够与受督导者一起仔细检查专业服务中的工作记录，准确掌握受督导者的工作进度和个人的感受状况。在此基础上，社会工作

---

① Ming－Sum，Tsui. 社会工作督导：脉络与概念［M］. 陈秋山，译. 台北：心理出版社有限公司，2008：24.

督导者就能够制订有针对性的督导计划。②具有保密性。个别督导是一种一对一的互动过程，能够帮助社会工作督导者在了解受督导者的过程中最大限度地保护督导过程的隐私，保护专业服务中涉及的相关方的权益。③具有高效性。由于个别督导是社会工作督导者针对受督导者提供的一对一的指导工作，它能够根据受督导者的要求进行精心的规划和干预，快速提升受督导者的专业能力，保证督导工作的成效①。

2. 个别督导的缺点

个别督导也存在一些明显的不足，这些不足主要表现为：①容易重复。不同的受督导者尽管督导的需求不尽相同，但通常也有相似或者相同之处。如果针对每一名受督导者都采用相同的个别督导的方式，就会出现督导工作的重复，特别在督导资源缺乏的时候，个别督导的这方面不足就会限制受督导者的发展，因为每一名社会工作督导者的实践和精力都是有限的。②形式单一。受督导者只能接触一名督导者，尽管受督导者与督导者双方之间的交流可以比较深入，但是毕竟交流的范围有限，而且每一个人的知识和技能都是有偏重的，这样就可能有意或者无意地限制受督导者的个人成长。③利益捆绑。个别督导这种长期一对一的指导交流方式很容易形成利益上的捆绑，这样不仅不利于受督导者个人的专业成长，也不利于服务机构的发展，甚至对社会工作专业服务的推进也会形成不良的影响。

二、团队督导

与个别督导不同，团队督导是一名督导者针对一群人开展的督导。这样不仅能够克服个别督导存在的不足，避免受督导者与督导者之间形成利益捆绑，而且还能够提高督导的服务效率，同时针对一群有着类似督导需求的受督导者开展督导服务。

---

① 李晓凤．社会工作督导——理论与实务及本土经验反思［M］．北京：中国社会出版社，2016：76－77.

（一）团队督导的定义

团队督导，顾名思义，是指以团队的方式来开展社会工作督导，即一名督导者运用团队指导的方式同时针对一群受督导者开展督导。团队督导常常被用来弥补个别督导的不足，它的基本要素包括：①一对多的督导关系。由一名督导者同时针对多名受督导者开展服务，根据这些受督导者共同感兴趣的议题进行深入的沟通交流。就一般情况而言，在团队督导中受督导者的人数通常需要控制在2—8人。之所以有这样的人数要求，是为了深入讨论方便[①]。②共同的督导需求。团队督导与个别督导不同，它关注受督导者共同的督导需求。当然，如果受督导者之间的督导需求差异太大，这个时候团队督导的方式也就无法运用。③引导者的角色。正是因为团队督导针对的是一群受督导者，因此，在督导过程中作为督导者就需要承担起引导者的角色，鼓励受督导者之间进行分享、交流他们自己在督导实践中或者专业服务中遭遇的困难和问题解决的方法，并且引导整个团队为受督导者提供情绪支持[②]。实际上，任何社会工作的团队督导都需要处理七个方面的事情，包括督导的界限、督导的任务安排、团队成员之间的关系、每名团队成员的角色、督导促进的方式、督导的关系以及督导的方法[③]。

（二）团队督导的优缺点

像个别督导一样，团队督导也有自己的优势和不足。只有了解了这些优势和不足，作为督导者才能合理运用团队督导的方式促进受督导者的成长，保证社会工作专业服务的品质。

1. 团队督导的优点

团队督导绝不仅仅是一次督导的人数增加，或者把团队督导理解成多

---

① 李晓凤．社会工作督导——理论与实务及本土经验反思［M］．北京：中国社会出版社，2016：78.

② Ming－Sum，Tsui. 社会工作督导：脉络与概念［M］．陈秋山，译．台北：心理出版社有限公司，2008：92－102.

③ Brown，A.，Bourne，I. The social work supervisor：supervision in community，day care and residentical settings. Philadelphia：Open university press，1996：144－161.

个个别督导相加那么简单，而是涉及团队动力的运用，具有自己的优点，具体表现在：①不同的受督导者有不同的专业经验和知识，他们之间可以相互分享。这样就能够帮助受督导者从不同的角度学习督导的经验，有助于受督导者的专业能力的提升。②受督导者在团队中很容易获得情感的支持，而且这样的督导方式也容易让受督导者之间建立起一种认同感和归属感。这样，即使团队督导结束之后，受督导者之间的支持关系仍可能继续保留着。③这种运用团队互动方式开展的督导服务很容易让督导者培养起团队合作的能力，包括如何选择各自都认可的督导议题、如何分享各自的经验和知识以及如何相互给予支持等，受督导者经历过这样的督导经验后，也容易在之后的督导实践中帮助社会工作者建立团队合作的工作方式。当然，作为团队督导还有一项很重要的优点，就是可以节省督导的时间、经费和专业人力。

2. 团队督导的缺点

团队督导也存在一些不足之处，具体表现在：①无法兼顾每名受督导者的督导需求。由于是团队督导，督导者只能根据受督导者的共同需求开展督导工作，而受督导者的某些个别需求就无法得到立即处理，甚至受督导者的一些共同需求也可能因为时间和精力的限制无法进行深入讨论。②缺乏隐私空间，容易引发受督导者的防卫心理，从而可能无法触及督导的核心议题，妨碍督导服务的顺利展开。③团队督导的方式需要受督导者具备一定的专业知识和经验，以便相互之间进行分享和讨论，因此，对于一些新晋社会工作者来说，他们在团队督导中就容易遇到一些困难，往往需要比一般受督导者更多的专业知识的支持和情感的支持。当然，就督导者来说，在运用团队督导时，需要具备较强的组织能力和团队动力的调动能力，否则，就容易造成团队讨论过程中无法聚焦或者偏离主题的现象，甚至可能因为受到团队氛围的影响，妨碍受督导者之间进行深入的探讨和交流。

三、同辈督导

与个别督导和团队督导不同，同辈督导没有明确的督导者，而且在整个督导过程中也不存在像督导者与受督导者这样清晰位置差异的情况，它倡导的是一种平等参与、相互支持的督导方式。

（一）同辈督导的定义

同辈督导是指由受督导者共同参与、相互学习的督导方式。在这种方式的督导中没有固定的督导者，所有受督导者既是受督导者，也是督导者，他们一起参与督导议题的选择、个人经验的分享和疑难问题的咨询。因此，与个别督导和团队督导相比，同辈督导具有自己的一些独特的基本要素，包括：①成员平等。所有参与督导过程的成员一律平等，既不分督导者，也不分受督导者。或者说，每名参与的成员既是督导者，也是受督导者，同时具有双重的身份，在分享和贡献自己的专业经验的同时，也接受和学习其他参与者的专业经验。②督导机动性。同辈督导不像个别督导和团队督导，通常没有固定的督导会议，而需要根据参与者的要求和条件弹性地安排，即使每次督导的主题也需要根据参与成员的要求作适当的调整。③工作经验。参与同辈督导的成员既可以来自同一个服务机构，也可以来自不同的服务机构，甚至可以来自不同的城市和地区，但是他们都需要具备一定的工作经验和督导经验，以便所有参与者都能够围绕督导议题开展深入的讨论和经验分享。

（二）同辈督导的优缺点

与个别督导和团队督导相比，同辈督导也有自己明显的优点，具体表现在：①同辈督导可以提高参与成员的责任感和自信心。在同辈督导中，每名成员都是参与者，都需要主动参与督导活动的安排，负责督导工作的推进。因此，这种督导方式比较容易帮助成员培养起责任感和自信心。②同辈督导可以提升参与成员的自主性。由于同辈督导并没有固定的督导会议和督导议题的安排，因此，它的开展就需要参与成员根据自己实际的需要设置特定的同辈督导的方式和督导的主题，而且一旦参与成员的需要发生改变，同辈督导的方式和内容也需要作出相应的调整。③同辈督导可以加强参与成员的开放度和敏感度。同辈督导不同于个别督导和团队督导，需要参与成员共同分享各自的专业实践的经验和知识，在相互交流过程中学习他人的不同经验和知识。这样，在督导过程中每名参与成员只有保持开放接纳的态度，注意观察和理解他人的不同需求，才有可能在这种同辈督导的过程中有所收获。

当然，同辈督导这种督导方式也有自己的不足之处，具体表现为：①督导关系的约束性不强，主要依赖参与成员自己的自觉性。如果参与人员没有履行自己的义务，就会影响督导过程的顺利展开，甚至造成同辈督导的中止。②参与人员容易形成利益捆绑的关系，不仅不利于新成员的成长，而且也会给专业的发展造成不良的影响。③参与成员之间容易发生争执。由于同辈督导倡导成员平等的原则，在实际的督导过程中很容易出现不同观点和经验之间的争论，如果不加以引导，很容易使相互之间不同的声音演变成相互之间的对立。

通常情况下，受督导者更喜欢能够提供教育、支持和行政指导等方面的督导，也更倾向于选择拥有专业知识、能力和技巧的督导者作为自己专业实践的指导者，来帮助自己提升专业服务的能力。因此，到目前为止，在三种督导方式中，个别督导和团队督导是最受欢迎的。但是，随着我国社会工作专业服务的发展，本土社会工作者也开始积累了不少实践经验，同辈督导也将逐渐受到社会工作者越来越多的关注，成为常见的督导方式之一。

尽管这些不同形式的督导方式实施方法有所不同，但是就督导服务本身而言，它们都需要遵循一些基本流程。目前国内外学者对社会工作督导服务的流程有两种基本的划分方式：一是按时间划分。舒尔曼（2010）的互动模式是这种类型的典型代表，他将督导的流程划分为四个阶段：准备阶段、开始阶段、工作阶段和结束阶段。二是按内容划分。这种划分方式将督导分为督导者与受督导者之间关系的建立与维持、督导制度和程序的制定、实践管理和结构化督导、对评估工作的督导以及对督导的评估等几个阶段。实际上，无论什么样的划分方式，如何实现督导的教育、行政和支持等基本功能是督导过程首先需要考察的。为了更好地展现这些督导功能的实现过程，这里将时间和内容这两种划分方式综合在一起，把督导的通用过程分为四个阶段：建立督导关系、签订督导协议、开展督导工作和评估督导成效。在此基础上，再分别介绍每个阶段的工作内容、主要技巧和注意事项等，便于把督导的时间进程与具体任务结合起来统筹安排，最后再总结督导过程中常见的基本问题。

第二节　建立督导关系

建立督导关系是督导过程中的第一阶段，这一阶段的目的是为整个社会工作督导过程做好准备工作。建立督导关系是督导过程中的一个非常重要的环节，不可轻视，因为无论督导者还是受督导者，在建立一段新的督导关系之前，他们都会面临一定程度的紧张和不安。例如，督导者有时会担心自己能否胜任督导工作、能否与受督导者进行良好的合作，而受督导者则可能担心参加督导能否满足自己的需求、督导的安排是否会影响他们的工作和工作以外的生活①。显然，能否建立信任的督导关系是顺利开展社会工作督导的关键，也是实现督导双方共同成长的前提。

一、督导关系

督导关系是指“督导过程中的参与者对其他人的感觉、态度和期待”②，主要涉及督导者、受督导者、服务对象和服务机构四方。其中直接相互影响的是督导者和受督导者，间接产生关联的是服务对象和服务机构。另外，值得注意的是，督导关系是一个动态过程，是四方相互影响、

① 陈锦棠．社会工作督导：经验学习导向［M］．台北：巨流图书股份有限公司，2012：95.

② Gelso C J，Carter J A. The relationship in counseling and psychotherapy：Components，consequences，and theoretical antecedents. Counseling Psychologist，1985：159.

相互作用的过程①。经过商议而确定的督导关系能够帮助督导者和受督导者对参与社会工作督导的意义形成更深的理解，不仅能够促使受督导者的工作符合服务机构的目标和要求，而且也能够保障服务的品质，为服务对象提供更好的服务。相反，如果不经过商议，而采取指令性的沟通方式建立督导关系，这样做不仅不利于受督导者和督导者双方的个人成长，而且同时也会影响社会工作实务的服务成效。因指令性督导关系而带来的不良后果，如图5－1所示。

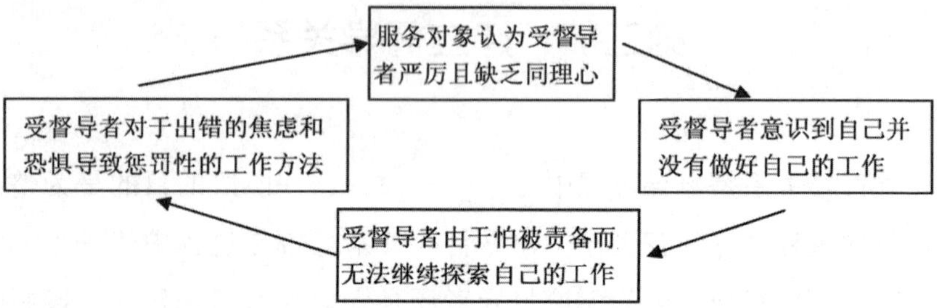

图5－1　指令性督导关系的不良后果

资料来源：Jane Wonnacott，社会工作师督导［M］．赵环，魏雯倩，等，译，上海：华东理工大学出版社，2015：27.

在图5－1中，督导者与受督导者的关系是指令性的，受督导者在接受督导者的督导时常常出现这样的现象：受督导者由于害怕出错和被责怪，在督导过程中未能说出自己在服务过程中存在的能力不足，而是直接按照督导者的指令开展相应的工作。这样的尝试就会让服务对象感受到受督导者缺乏同理心，没有真正理解自己的需求和问题。虽然受督导者也能意识到自己没有做好工作，但是由于害怕被责怪，仍可能选择不向督导者坦露服务的现状和自己遇到的问题。显然，这样的指令性督导关系将使受督导者无法为服务对象提供有效的服务，影响专业服务的成效，而且受督导者个人也无法通过督导过程获得成长。

因此，建立良好的督导关系是督导工作成功的开端，它直接影响督导

① Bernard J. M.，Goodyear R. K. Fundamentals of Clinical Supervision. Pearson education，2012：64.

工作的顺利展开。值得注意的是，在督导关系中，督导者需要从一开始就放弃“应该如何”（where the staff should be）的方式与受督导者来沟通，而需要从受督导者的“立足点”（where the staff is）出发，开始相互协商的沟通过程①。

二、关系建立的主要工作内容

可见，良好的督导关系是以相互信任、理解彼此开始的，而且需要双方清楚了解督导关系的界限。为实现这一目标，无论督导者还是受督导者都需要完成以下工作。

（一）促进督导者与受督导者之间的了解

督导关系之所以出现困扰，常常是因为督导者和受督导者双方都未能把时间和精力花在去了解彼此的需求上，明确双方对督导关系的期望。也就是说，只有当督导者与受督导者双方都愿意花时间和精力去了解对方的要求和感受时，督导双方才能建立起彼此信赖的关系。

对于督导者而言，仅仅依靠角色权威、专业权威和个人权威等方式与受督导者建立督导关系是远远不够的，他还需要花时间和精力去了解受督导者，包括受督导者的实务经验、实务知识和工作技巧、对督导的期待和要求以及之前接受过的督导经历等。作为督导者需要避免一种危险的假设，认为自己是从受督导者的经历中成长出来的，完全了解受督导者的要求，受督导者所期望的正是他们作为督导者所要做的。

对于受督导者而言，他们在开始阶段建立督导关系时通常对三个方面的信息非常关注，急于想了解：①督导者的工作风格；②督导者对于社会工作督导的想法；③督导者对督导关系的期望，特别是有关督导运作程序和规则的设计。

---

① Ming－Sum，Tsui. 社会工作督导：脉络与概念［M］. 陈秋山，译. 台北：心理出版社有限公司，2008：92－102.

（二）了解机构文化和实务情境

除了加强督导者和受督导者之间的相互了解之外，督导关系的建立也离不开督导者和受督导者对机构文化和实务情境等脉络知识的了解。实际上，社会工作的督导安排常常受服务机构的宗旨、规章制度和工作程序等因素的影响，不仅督导者需要了解，受督导者也需要知晓，否则，督导关系的建立就会受到影响，缺乏服务机构的支持和保障。

此外，督导关系的建立还与督导者对受督导者的服务环境的了解有着密切关系。受督导者需要咨询的是自己在专业服务中遭遇的困难，如果督导者对受督导者工作的实务场景缺乏了解，就无法同理受督导者的感受，也无法给受督导者提供有效的改变建议。显然，了解受督导者工作的实务场景是督导者走近受督导者、与受督导者建立信任督导关系的前提。

三、关系建立中的主要技巧

在督导关系建立的开始阶段，无论督导者还是受督导者都需要运用一定的服务技巧应对专业实践中遇到的问题，其中在这一阶段常用的督导技巧包括调整、寻找风格和多元考察。

（一）调整

调整（turning－in）是这个阶段最常用的一种基本督导技巧。它是指督导者从受督导者的处境出发，设身处地站在受督导者的位置上理解受督导者的督导要求和内心感受，包括用心了解受督导者的价值观、态度、专业知识、习惯和爱好等。显然，在建立督导关系阶段，如果督导者掌握了调整的技巧，就能够更好地理解受督导者的处境，体会受督导者内心的真实感受。当然，学会调整还意味着，在开始阶段督导者需要注意的是，学会开放自己，接纳受督导者。调整不仅是针对受督导者的，同时也是针对督导者自己的，它是同一个过程的两面。如果督导者不对自己的经验和知识保持警觉，就无法走近受督导者的生活。

（二）寻找风格

督导者和受督导者所偏向的做事风格会对他们之间的关系和一起开展

工作的方式产生深远影响。当然，不同的做事风格通常也是造成某些督导关系出现困境的根本原因，这种现象被称为存在问题的绩效。因此，在督导开展之前，督导者和受督导者都需要理解各自不同的做事风格。常见的做事风格有四种：①注重成效，是实用主义者，只关注问题解决的工作方法，只希望理解事情在实务处境中是如何做的。②关注思考，是理性人，先思考再行动，在行动之前对每一种可能的方法都进行评估，然后通过比较作出决定。③强调逻辑，是理论家，喜欢在行动之前弄明白为什么要行动以及如何行动的逻辑依据，对概念和模式能够运用自如。④主张行动，是行动者，强调通过行动尝试来达到最佳的学习成效。不过，并不是一个人只有一种做事的风格，常见的情况是，一个人有多种做事的风格。因此，这也就需要督导者和受督导者用心观察对方的不同表现，理解彼此之间做事风格的差别。

（三）多元考察

督导者和受督导者双方需要采用整合的视角来看社会工作的督导过程，涉及物理的、人际的、文化的和心理的维度。这些不同的观察维度对社会工作督导的形式、结构、内容和成效都有明显的影响：①物理维度是指督导过程的物理环境，它包括选择在哪里开展督导、督导过程中的位置安排等。这些物理因素影响督导的开展，为督导双方提供必不可少的尊重感和安全感。②人际维度是指督导者和受督导者在督导过程中的人际关系，其中如何处理好专业关系与人际关系的界限，是督导双方需要关注的重点。③文化维度是指社会工作督导需要放在特定的文化脉络中加以考察和了解，它涉及特定文化中的服务网络，而文化又会影响社会工作督导过程中所涉及的四方关系。④心理维度是指督导双方对督导过程的想法和感受等，其中信任是最重要的元素。

四、关系建立中的注意事项

在关系建立之初，无论督导者还是受督导者都面临一些挑战，需要双方共同努力一起应对这些挑战，才能将信任的督导关系建立起来。其中，新晋升的督导者的角色转换和刚入职的社会工作者的督导是督导开始阶段常常遭遇的问题。

（一）新晋升督导者的角色转换

对于刚刚从一线社会工作者晋升为督导者的社会工作者来说，他们一方面因刚上任督导者不久，常常缺乏足够的信心和专业知识，如果想要快速证明自己是称职的，就容易在对服务场景的整体脉络缺乏了解的情况下，急于行使督导者的职权，反而可能带来受督导者的反弹和对抗；另一方面，新晋升的督导者为了适应工作岗位的转变有许多新的工作方法需要学习，主要包括：①可行使职权的转变，从专业的职权转变成组织的职权；②决策做法的转变，从追求最佳的决策转变成可以接受的决策；③关系取向的转变，从助人关系转变成监督关系；④成效取向的转变，从服务效果为主转变成成本效益为主；⑤同事关系的转变，从同一层级的同事关系转变成有层级之分的同事关系①。

（二）刚入职的社会工作者的督导

对于刚入职的社会工作者，他们在建立工作模式与掌握专业实务基本技巧的同时，通常在适应机构服务时会产生很大的焦虑。这样的焦虑一方面来源于社会工作实务中的张力，另一方面来源于对服务机构适应过程中面临的困难。也就是说，这些刚入职不久的社会工作者，他们迫切需要服务机构的督导者的支持，不仅需要专业服务方面的技术指导，而且同时还需要情感方面的支持以及个人职业规划发展的建议。因此，督导者就需要针对这些刚入职的社会工作者开展及时的督导，给他们提供必要的情感支持，引导他们适应服务机构的新环境，并且协助他们融入工作团队中，让这些刚入职的社会工作者感受到服务机构的温馨、关怀和支持。

---

① Ming－Sum，Tsui. 社会工作督导：脉络与概念［M］. 陈秋山，译. 台北：心理出版社有限公司，2008：73－75.

第三节　签订督导协议

当督导者和受督导者对彼此有了较深的了解之后，督导工作也就进入了第二阶段：签订督导协议。这一阶段的主要目标是在组织第一次的社会工作督导会议之前，草拟和签订一份督导者和受督导者双方共同认可的督导协议。

一、督导协议

督导协议是指督导者与受督导者双方通过口头或者书面沟通的方式，建立双方关于督导的目标、内容和过程的共同约定①。值得注意的是，如果协议只是涉及督导安排的时间、频率、长度、地点、目标和如何终止的规定等基本内容②，或者只是一个由机构预先设计好的标准形式，让受督导者签字，这样的督导协议签订方式不利于督导关系的建立，也无法为受督导者面临的问题提供解决方案的参考③。为了帮助督导者与受督导者之间建立良好的督导关系，督导协议需要具备以下三个方面的基本功能：①能够给予受督导者充分的发言机会，让受督导者参与督导过程，建立双方能够共享的基础。②帮助培育优质的督导关系，营造一种信任、尊重和开放的机构氛围。③提供评估督导的基础，以提升督导的成效④。实际上，这种督导协议更像是一种“心理上的合约（psychological contract)”，它为实现督导者与受督导者的共同成长提供基本的保障。

---

① 陈锦棠．社会工作督导：经验学习导向［M］．台北：巨流图书股份有限公司，2012：97.

② Howe. K.，Gray，I. Effective Supervision in Social Work. SAGE. 2013：11.

③ Jane Wonnacott，J. 社会工作督导［M］．赵环，魏雯倩，等，译，上海：华东理工大学出版社，2015：32－33.

④ Howe，K.，Gray，I. Effective Supervision in Social Work. SAGE. 2013：11.

二、督导协议的主要内容

能否提供一个促进督导双方共同成长的督导协议，取决于督导双方能否就以下问题展开充分的讨论并且达成一致的认识：①对彼此的期待是什么？②可以给对方什么？③双方的目标是否相同？如何达到这些共同认可的目标？达到目标过程中存在的限制是什么？④如何评估目标的达到？

在实际的督导开展过程中，督导协议对于督导者和受督导者都具有约束作用。它规定了督导的基本安排，涉及的主要内容包括：①督导的工作安排，包括督导的地点、时间、长度以及取消和续约的方法。②督导的需求和督导的目标。③督导的内容和督导的方式。④督导双方的权利和义务。⑤督导的评价标准和评估方式。

三、签订督导协议的基本要求

一份合理有效的督导协议是需要通过督导者和受督导者的共同努力才能实现的，它既需要双方做好充分的准备，建立相互信任的关系，也需要双方明确各自的权利和义务，处理好交往过程中的权力关系。当然，合理有效的督导协议是以促进受督导者个人的专业成长为主要目标的，它不仅有明确的督导要求，而且能够将督导计划具体化，变成可以操作的具体任务。

（一）做好充分准备

在签订督导协议这一阶段，督导者处于督导工作的中心。与日常生活中的人际交往一样，督导双方留给彼此的第一印象将影响接下来督导工作的开展和督导关系的维持。因此，即使督导者面临不小的工作压力，仍需要仔细规划督导的安排，给督导协议的制定和签署留够充足的时间，充分调动受督导者的积极性，让受督导者能够理解自己的看法和要求，同时自己也能够与受督导者进行充分的沟通，理解他们的不同观点和感受。督导协议的签订需要督导双方至少做好两轮的准备，让督导双方都拥有充分的时间对督导协议的内容和安排进行思考，及时作出恰当的调整。

（二）建立信任关系

在督导关系建立的初期，即使督导双方都能够理解彼此各自不同的要求，也可能出现内心的矛盾和对未来的担心等。因此，督导者需要为受督导者提供一个安全的环境，让受督导者能够有信心处理由新的督导关系而产生的情感问题和压力，提高受督导者展示自我内心感受和想法的可能性。此外，对督导关系边界的讨论也对督导双方信任关系的建立有着重要的影响。不过，需要注意的是，作为督导者需要避免为了让受督导者袒露内心的想法而给他们施加压力，而需要由受督导者自己来决定是否愿意呈现自己内心的想法，以保证在督导过程中能够尊重受督导者，维持督导双方已经建立起来的专业关系。

（三）明确权利和义务

为了了解受督导者的督导需求，鼓励受督导者反思之前他们所接受过的督导经历是一个好的开启沟通的方法，它通常涉及以下几个问题的讨论：①之前接受过的督导包括哪些内容，还有其他什么内容也是自己需要的？②哪些因素能够促使督导发挥作用？哪些因素阻碍了督导作用的发挥？③作为一个受督导者，自己在什么方面做得好？希望在什么方面能够继续得到提升？④当发现督导阻碍了自己的专业发展时，你采取了什么样的回应方式？在讨论了上述问题之后，督导者就可以与受督导者分享自己的看法和体会，包括如何看待优质的督导关系、督导的本质和目的、机构的相关督导政策以及自身作为一名督导者的优势和不足等，让受督导者能够进一步了解自己的督导需求和相关的机构督导的要求。在此基础上，督导者与受督导者一起商讨督导中的权利和义务。

（四）处理督导中的权力

尽管督导双方常常不愿意直接讨论督导中的权力问题，甚至有时候还否认这个问题的存在，但是实际上权力一直伴随着督导过程，是督导关系建立过程中需要督导双方重点考察的内容。对受督导者的观点保持开放的态度，并且关注如何清楚解释督导者自己的看法，这是督导者学习处理督导中的权力关系的开始，因为任何权力的表现都是从相互沟通开始的，只有关注如何平等地与受督导者交流，才能积极面对督导中的权力。当然，作为督导者还可以就权力和权威这样的议题与受督导者开展讨论。例如，受督导者对于专业权威是如何理解的？特别是在帮助服务对象的过程中，受督导者是如何运用自己的专业权威的？它在帮助服务对象的过程中发挥什么样的作用？等等，让受督导者能够在实际的服务场景中客观理解专业权威的作用。

（五）关注个人发展

在与受督导者的沟通过程中，督导者需要围绕受督导者的个人成长和发展，因为只有这样，才能让受督导者感受到督导者的关怀和自己的督导需求。而且只有当受督导者看到通过督导给自己带来的成长时，才愿意积极地参与到督导的沟通过程中，与督导者商量督导计划的安排。因此，督导者在拟定督导协议前就需要询问受督导者，包括他们是否考虑过个人的发展、是否有个人的成长计划、哪些因素或者安排能够促进他们个人的发展等？经过这样的沟通和讨论，督导者就能够了解受督导者的个人成长目标，并且把他们的个人成长目标融入督导协议的安排中，让受督导者明白通过哪些督导的专门训练和活动能够帮助他们实现个人成长的目标。

（六）建立评估标准

在明确了受督导者的督导需求和目标之后，督导双方就需要着手建立督导成效的评价标准，做好评估工作的安排，以便能够衡量督导工作的开展状况，掌握督导目标的实现情况。作为督导者需要与受督导者一起讨论和明确评估工作的意义，让受督导者关注督导工作的成效，学会根据成效来调整自己的安排，重新审视督导的计划，而不是一味地强调自己的督导需求是否得到满足。在评估工作中，督导者不能只关注评估的结果，同时还需要把注意的焦点放在如何改善上，协助受督导者做好评估工作之后改善措施的落实。另外，试用期考核和评估工作等考核方面的工作都容易给受督导者造成压力，引起受督导者的内心焦虑，需要引起督导者的特别关注。

（七）规划督导安排

就一般情况而言，督导会议需要定期举办，以便能够及时跟进受督导者的督导需求，解决受督导者的困惑，让受督导者能够感受到必要的专业支持和情感支持。因此，对于督导会议的地点和时间等方面的安排就有明确的规定，需要遵循：①地点的保密性。督导会议地点的选择需要考虑到保密性，因为讨论的内容会涉及受督导者和服务对象的隐私。因此，督导会议地点需要相对独立，环境相对封闭，具有比较好的保密条件，能够保护个人的隐私。②时间的适宜性。督导会议的频率和长度都需要根据受督导者的督导需求状况来确定，通常对于新入职的员工，督导的次数安排就需要多一些，而对于一些有着一定经验的社会工作者来说，督导的频率可以低一些，时间也可以缩短一点。无论督导会议的频率和长度怎样，都需要围绕受督导者的专业成长和服务对象权益的保护。③资料记录的清晰性。除了每次开展督导之前需要准备一些材料供督导双方讨论之外，通常在督导过程中也需要督导者和受督导者做好督导过程的记录，一方面可以作为督导的成果和评估工作的基础，另一方面也可以作为帮助督导者和受督导者对督导工作进行反思的参考，以及草拟后续改善计划的重要依据。④督导安排的规范性。无论督导的取消还是重新安排，都需要有一定的程序和要求，以便能够保证督导过程的规范性和稳定性。

（八）回顾制定过程

即使签订好了督导协议，督导者也要与受督导者一起检查协议的制定过程，看是否有所遗漏，并且通过回顾以下问题进一步明确督导协议的目标和要求：①督导协议最终将使受督导者工作中的哪些方面得到改善？②是否在这些需要改善的方面没有坚持？如果是，没有坚持的原因是什么？③督导双方是通过什么方式实现改变的？对督导协议中的这些问题进行回顾，就能够帮助督导双方在督导计划实施前取得一致的认识，以便督导工作的顺利展开。

四、督导协议签订中的注意事项

在督导协议签订过程中，既需要督导者的引导，也需要受督导者的配合，是双方相互沟通的过程。无论对于督导者还是受督导者来说，都有一些需要注意的方面。

（一）明确督导会议的界限

在督导协议签订之前，督导双方需要对督导会议的内容范围进行明确的规定，让双方都能够明确了解哪些事务可以在督导会议上讨论、哪些事务不可以放在督导会议上分享，这实际上是对督导的主题和内容进行规定，以避免在督导过程中失去方向，提高督导工作的成效。但是，毕竟督导工作是关于受督导者个人成长发展的服务工作，它需要有一定的弹性，太过清晰的界限不仅很难确定，而且还会使督导工作形式化，反而降低督导工作的成效。因此，对督导会议界限的讨论就需要多方面考虑，包括受督导者的年资、专业领域、情绪状态、性别以及督导的弹性空间等。当然，作为督导者在制定督导会议的界限时，还需要尊重受督导者的差异性，给受督导者充分的表达空间，以便与受督导者能够达成督导服务的共识。

（二）关注个人成长的实现

尽管督导协议的签订在时间阶段来看是计划制订阶段，但实际上它本身就是督导服务开展的过程，因为围绕督导需求的寻找、督导目标的确定、督导安排的明确以及督导要求的制定等任务的展开，督导者与受督导者就需要相互沟通，解决面临的问题，达成一致的共识。这个过程其实就是督导服务开展的过程，涉及督导者与受督导者之间的相互影响，也是受督导者学会如何界定问题、如何明确目标以及如何制订改变计划的过程。当然，其中还有一个重要的能力，就是受督导者的反思能力，也是在督导协议签订过程中需要督导者重点关注的。

第四节 开展督导工作

在督导协议签订之后，督导者和受督导者就需要依据协议的要求开展一系列的督导工作。尽管每次督导会议的内容安排有所不同，但是一些最基本的工作原则是所有的督导服务都需要遵守的，而且在开展督导服务中也需要运用一些技巧，以保障督导服务的顺利实施。

一、督导会议的内容

从西方传统的社会工作督导来看，督导会议的内容通常围绕督导的行政、教育和支持三大功能来设计，它们需要遵守以下这些基本的原则。

（一）督导的开展需要以支持性督导为先

在督导会议的开始阶段，督导者可以通过分享个人的感受作为开场白，逐渐引到督导会议的讨论内容上。督导者分享的内容既可以是自己觉得舒服或者容易开口的话题，也可以是机构最近发生的事件（可以是好事，也可以是坏事），以营造比较宽松、开放和真诚的讨论氛围。一旦话题打开之后，督导者就可以邀请受督导者分享他们近期在工作上的感受、想法以及情绪方面的困扰等。

（二）行政事项的讨论需要以专业为中心

一旦在督导会议中开始讨论行政事项，督导者就需要有意识地引导受督导者从专业实务的角度描述行政事务，或者让受督导者分享与专业实务相关的行政事务，如分享新资源的路径、经费报销的方式、服务表格的修订与使用、工作职责的澄清、工作计划的制订、工作任务的派遣、绩效的评估以及各工作部门的协调等，协助受督导者学会将专业实务与行政事务结合在一起考察，避免行政事务与专业实务的割裂。

（三）督导会议需要以教育性督导为重

就一般情况而言，整个督导会议都需要着重讨论实务工作中的问题和问题解决的方式，以便发挥督导的教育功能。有些时候督导会议的讨论主题是由受督导者在督导会议之前提出的，例如，受督导者在实务工作中遇到的具体问题经由督导者的认可后，由督导双方在督导之前收集资料并做好准备，在督导会议上共同讨论，一起寻找问题解决的方法。有些时候督导会议的讨论主题则是由督导者根据对受督导者工作的观察并且与受督导者商量之后确定的。这样的督导主题就需要督导者提前做好准备，全面了解受督导者需要学习的内容，它有可能是某个常见问题的解决，也可能是某个知识、技巧或理论的补充。如果督导者觉得困难，也可以邀请服务机构外部的专家来提供支持，如邀请高校的社会工作老师或者资深的社会工作实务人才参与督导会议的讨论和分享。不过，需要注意的是，任何专家的邀请都需要事先征得受督导者的同意。

在实际的督导会议中，不一定每次督导会议都会同时涉及上述行政、教育和支持三项督导功能内容的讨论，也不一定按照支持、行政和教育这样的顺序来开展，而是需要根据实际的情况并且结合受督导者的需求来安排。值得注意的是，我国社会工作督导的发展与西方不同，除了涉及以上三项工作内容外，还需要完成项目规划和资源链接两项任务，即在项目规划方面，包括如何协助受督导者申请、规划、评估项目以及协调受督导者与其他相关方的各种关系；在资源链接方面，我国一线社会工作者需要处理宏观层面的资源如何与实际需求链接的问题。

就督导会议过程中的督导者与受督导者的互动状况来看，督导会议的内容包括四个方面：①描述。让受督导者描述实际服务的状况，而督导者不给予指导。这样安排的主要目的是了解“发生了什么”，确定督导的主题。②澄清。督导者尝试去了解受督导者所觉察到的现象，理解受督导者的内心感受。它的关注焦点是“这意味着什么”。③分析。督导者帮助受督导者明确那些可能成为问题的各个方面，例如，“哪些是有帮助的，哪些是没有帮助的？为什么？从中你学到什么？”，等等。显然，这样的安排是为了确定督导的问题。④执行。由督导者协助受督导者尝试问题的可能解决方法，找到破解问题的途径。它是帮助受督导者明确“往哪里走”和“怎么走”[①]。

二、督导会议中的主要技巧

为了带动受督导者的专业成长，在每一次督导会议中，督导者都需要使用一些服务技巧。其中，常用的主要技巧包括：开始（引导）会议的技巧、内容讨论（主要环节）的技巧和结束会议的技巧。

（一）开始会议技巧

在督导会议的开始阶段，督导者首先需要开启督导会谈的话题，引导受督导者逐渐进入督导会议的主要议题的讨论中。

1. 引导技巧

在督导会议的前期，督导者需要做好督导会议的准备工作，包括预测受督导者在督导会议中的关注焦点和可能出现的感受以及自己可能需要面对的工作冲突中的不愉快感受。一旦督导会议开始，督导者需要启动督导会议的讨论，包括提问一些引导性的问题，通过这些问题可以引出受督导者与督导者在督导会议之前准备的督导主题。当然，具体的引导方式需要督导者根据督导会议的具体场景而定，可以是观察受督导者工作所获得的启示，也可以是对受督导者精神状态的现场观察的发现。

无论以哪一种方式引导督导会议的主题，都是为了实现这样一个目标：让受督导者了解到督导者已经为督导会议做好了准备，而且愿意尝试理解他们的内心感受和要求。

作为督导者在督导会议开始阶段常常运用以下几种方式引出督导会议的主要议题：①从新政策引出。如果服务机构近期出台了新的政策，督导者就可以以此作为话题，了解受督导者对新政策的理解以及可能出现的疑惑，从而延伸到督导会议的主要议题。②从忌讳的话题引出。督导者可以灵活引入忌讳的话题，以此营造一种安全、宽松的氛围，并且

---

① 陈锦棠．社会工作督导：经验学习导向［M］．台北：巨流图书股份有限公司，2012：84－85.

逐步引导受督导者进入督导会议主题的讨论。例如，督导会议中常常回避暴力和死亡的话题，督导者可以尝试从一些相关的小话题入手，报纸上的新闻或者小说中的故事，由此引出死亡和暴力的督导会议的主题讨论。尤其对于一些刚入职的社会工作者来说，一方面讨论暴力和死亡的话题往往比较忌讳，另一方面在实际的工作中又不知所措，在督导会议中引入这一话题的讨论就能帮助受督导者做好专业服务的准备。③从抱怨中引出。受督导者的督导需求常常与专业服务中遇到的困难有关系，从抱怨入手就能够帮助受督导者把督导的需求呈现出来，成为督导会议的讨论主题。例如，在专业服务过程中不被服务对象和周围他人所接受，或者服务的社区抱怨没有服务成效等，督导者就可以通过倾听受督导者的抱怨将对话的主题引向专业服务的提升等主题。④从观察到的现象引出。如果督导者观察到受督导者的表现，就可以以此为话题引出督导会议讨论的主题。例如，如果受督导者表现出精力耗竭或者对工作的厌倦，督导者就可以直接关心受督导者，真诚地询问对方："你最近是不是很累?"或者"最近遇到了什么事情?"给受督导者表达自己内心感受的机会。

当然，在实际的督导工作中，督导者也可以让受督导者开启督导会议的话题讨论，把自己作为协助者，了解受督导者想逃避的困难，表达对受督导者的理解，并且协助受督导者积极面对自己面临的困难。需要注意的是，此时，督导者要避免匆忙地给受督导者提供过多的保证和承诺。

2. 约定技巧

在每一次督导会议的初期，督导者需要与受督导者协商此次督导的目标，约定在会议结束时需要做到的，包括需要的时间、任务的要点和会议的进度等，甚至还需要受督导者排出督导讨论议题的优先顺序，把比较紧迫的议题放在督导会议的前 15 分钟。这样，督导双方就能够在精力充沛的时间内完成重要督导议题的讨论。在约定督导会议的目标时，督导者除了需要确保所制定的目标是合法的之外，还需要满足以下几项标准：①可行性，督导会议的目标是可以实现的。②适当性，督导会议的目标符合督导者和受督导者的要求和能力。③兼顾短期目标和长期目标，督导会议的目标既能够解决受督导者目前遭遇到的问题，也能够促进受督导者个人成长发展。④合理性，督导会议的目标符合服务机构有关规章制度的要求和服务的愿景。⑤一致性，督导会议的目标能够与受督导者的动机保持一致。

为了协助受督导者制定督导会议的目标，督导者需要掌握一些重要技巧，以便引导受督导者。这些重要技巧包括：①鼓励。鼓励受督导者在会议开始时坦然、公开地说出自己关注的事情。这个时候，督导者需要学会倾听和克制自己，避免立即针对受督导者提出的问题给出自己的解释或者提供自己的解决方法。②察觉。敏感察觉受督导者在督导会议期间的需求变化，及时跟进受督导者的需要。③关注。关注受督导者在督导会议期间提出的督导要求，包括直接的和间接的，尤其受督导者通过间接方式提出的督导需求，更需要督导者的关注，因为这样的需求挖掘能够带动受督导者更深层次内心感受的表达，推动受督导者个人的成长和发展。

（二）内容讨论技巧

尽管每次督导会议讨论的内容有所不同，但是它们的目标是一致的，都是为了提升督导会议的成效，促进受督导者个人的成长。为此，督导者在督导会议的讨论过程中常常需要使用以下几种服务技巧。

1. 描述的技巧

为了鼓励受督导者在督导会议讨论中细致地描述自己提出的问题，督导者常常需要灵活运用 5 种服务技巧：①具体化。督导者可以通过鼓励受督导者借助场景化的描述把所关注的一般性督导议题转变成特定场景中的督导议题。例如，督导者可以询问受督导者：“这样的事情你是在什么时候发现的？怎么发现的？”或者“你能描述一下这件事情的具体发生过程吗？”通过这样的提问，督导者就能够帮助受督导者把一般性督导议题放回到具体的生活场景中，在具体的生活场景中重新理解它的逻辑以及对受督导者的意义。②焦点倾听。督导者在倾听受督导者的描述过程中，不仅需要关注受督导者说什么，而且同时也需要关注受督导者关注的焦点在哪里，以便准确了解受督导者的观察视角，对受督导者的描述作出有效的回应。③提问。在督导者明确了受督导者的感受和想法后，就需要采用提问的方式引导受督导者，把受督导者的注意力集中在可以改变的行动尝试上，包括改变动机的调动、改变意愿的明确、行动方案的制订、行动方式的选择以及行动尝试经验的总结等，推动受督导者不断地往前迈进。④克制自己。当受督导者提出自己的想法或者介绍自己在专业服务中遭遇的困难时，督导者需要适当控制自己，避免立刻给受督导者遭遇的问题下结论，或者向受督导者提供改变的建议。⑤处理沉默。在督导过程中时常会遭遇沉默的现象。作为督导者需要特别关注受督导者的沉默，因为沉默意味着受督导者的内心感受和想法与表现出来的不同，可能是被动的同意，也可能是内心感受的冲突，这个时候督导者就需要给受督导者更多的时间思考和选择，避免催促受督导者，给受督导者过大的压力。当然，在实际的督导过程中，还有其他一些描述的技巧可以运用，这里只是重点介绍一些常用的，其他的不再作具体的介绍。

2. 同理心的技巧

同理心是社会工作者最重要的必备品质之一，掌握同理心这一技巧贯穿督导过程始终。督导者需要对受督导者感同身受，体会和理解受督导者的压力和内心感受。通常，督导者在同理受督导者的感受过程中有三种不同的层次：第一个层次是压力感受。督导者需要转换到受督导者的位置上，感受受督导者的压力，不对受督导者作任何价值评价，而是采取不批判的态度接纳受督导者，让受督导者体会到督导者的理解。第二个层次是意愿感受。督导者在倾听受督导者的描述时，需要关注和挖掘受督导者的改变意愿，通过情绪的疏导和转化，让受督导者看到自己在抱怨和担心等负面情绪中的改变要求。第三个层次是经验感受。当受督导者的描述中有一些成功经验时，督导者就需要将受督导者的成功经验找出来，让受督导者看到自己成功的一面，逐渐将关注的焦点转向如何改善上。

3. 分享个人感受的技巧

在督导过程中作为督导者也会有一些自己的看法和感受，可以适当地向受督导者表露自己的情绪和感受，让受督导者体会到督导者也像他们一样“有血有肉”，而不是“高高在上”的督导“专家”。当然，这样的自我表露是有要求的，需要促进受督导者把自己的内心感受和想法表达出来，而不是督导者为了吸引他人的关注。因此，督导者在整个督导过程中都需要用心倾听受督导者的描述，关注受督导者的感受，以受督导者为中心。

在分享个人的感受时，督导者也需要运用一些技巧：①自我表露。在必要时，督导者也可以适当地表露自己的情绪，让受督导者看到自己内心的真实感受。但是，需要注意的是，这样的自我表露不仅需要避免负面情绪的宣泄，而且同时也需要避免“攻击”别人，它的目的是让受督导者看到督导者内心真实的感受，以便创造一种宽松、开放、真诚的讨论氛围。②经验提供。当受督导者在专业服务中遭遇困难时，督导者就可以使用经验提供的技巧，把自己在相同或者类似处境的解决方法提供给受督导者。不过，督导者需要注意的是，在给受督导者提供解决问题的经验时，需要提醒受督导者，自己的这种解决方式不是标准，只是为受督导者提供解决问题的新思路。至于需不需要采纳、采纳什么，则需要根据具体的实务场景的要求以及尝试之后的成效来确定，避免给受督导者造成一种必须执行的错觉。

4. 下达工作指令的技巧

由于社会工作督导的目标之一是为服务对象提供有效的服务，因此，作为督导者就需要监督受督导者的工作进展，必要时需要下达工作的指令，以确保工作任务的顺利完成。这些工作指令不仅需要明确，而且还需要有最基本的要求和完成的时间安排，以便督导者能够督促受督导者按照工作进程完成基本的服务任务要求。

通常情况下，督导者在督导过程中需要掌握以下几种主要的下达工作指令的技巧：①面对现实。这是帮助受督导者学会面对现实的督导技巧，它要求督导者通过鼓励和支持促使受督导者积极面对专业服务中遭遇的困难和问题，而不是采取回避的态度。②切割问题。它是指把督导过程中受督导者提出的问题分割成一个一个的小问题，通过一个一个小问题的解决最终实现大问题的解决。至于把问题分割到什么程度，这取决于受督导者的能力，只要受督导者相信自己能够解决，并且开始着手解决，问题切割就可以停止了。通过问题切割技术，督导者不仅能够帮助受督导者解决面临的问题，而且还能够培养受督导者的问题解决过程的思维方式。③聚焦。这是通过将受督导者的注意力集中在最需要解决的问题上提高受督导者的问题解决的能力。特别当受督导者遭遇多个问题时，或者面临一个复杂的问题时，督导者就可以使用这项督导技巧，让受督导者区分出什么问题是目前最急迫需要解决的，或者让受督导者根据自己的需要排列出问题解决的前后次序。④透视焦虑。它是指通过关注受督导者遭遇的焦虑，协助受督导者找到出现焦虑的原因，从而帮助受督导者清晰了解自己的现状，做好问题预防的准备工作。显然，通过透视焦虑技巧的使用，督导者就能够推动受督导者关注一些潜在的影响因素，提升受督导者的问题解决能力。

5. 敏感议题处理的技巧

在督导过程中无论督导者还是受督导者常常会遭遇一些敏感的议题，这些敏感议题处理得好坏将直接影响督导服务的进程。就一般情况而言，在督导过程中常见的敏感议题有两种：一种是忌讳话题，如性、死亡等，是人们在日常讨论中极力回避的话题；另一种是权力话题，如压迫、不公平等，是由督导者与受督导者之间的权力落差引起的议题。显然，无论忌讳话题还是权力话题，都需要督导者在督导过程中创造一种宽松、开放的氛围，让受督导者能够体会到不批判、不评价的接纳态度。只有在这样的氛围中，受督导者才能自由地分享自己内心真实的想法和感受。当然，作为督导者面对这种敏感话题的讨论时，除了保持接纳的态度之外，还需要设身处地从受督导者的角度理解他们的想法和感受，避免“上纲上线”。

6. 分享资讯的技巧

在督导过程中，督导者的主要任务之一就是传递资讯和分享资料，因为督导者通常在服务机构和受督导者之间扮演着协调者的角色，与受督导者相比，他们更了解服务机构的政策、规章制度、管理要求、督导的相关规定、实务研究成果以及来自一线工作人员的相关工作经验的知识和讯息。因此，督导者在督导过程中常常需要使用分享资讯的技巧。

在分享资讯过程中，督导者经常使用的督导技巧是有限制地提供，即督导者需要根据受督导者在实际专业服务中或者个人成长改变中的要求适度地提供资讯资料，避免受督导者需要什么，督导者就提供什么。这样做虽然能够满足受督导者的需求，但是很容易造成过度，导致督导者很快地就成为一个“只教的老师”，而受督导者变成“只学的学生”，督导双方不再是督导关系的互动，而是知识学习的师生交流。因此，督导者需要把持一个基本的要求：这样的资讯分享要有利于受督导者解决问题能力的提升，如果与受督导者问题解决没有直接的关系，或者不是受督导者现在需要解决的问题的资讯，督导者都需要有所限制。督导者需要放弃一种错误的想法：受督导者了解的资讯越多，他们的收获也越多。实际上，从问题解决的角度来看，只有当督导者提供的资讯能够带动受督导者实际生活问题的解决时，他们才能把督导者的资讯转化为自己的能力，而且同时他们改变的意愿和动力也会随之加强。

此外，作为督导者在分享资讯的督导过程中需要避免对受督导者的想法和意见简单作出对与错的判断，或者要求受督导者认同督导者的看法和意见。这种追求“共识”的督导方式不仅忽视了督导双方具有不同看法和感受的事实，而且还妨碍了督导者自主能力的提升，让受督导者看不到自己拥有的能力。因此，为了避免这种现象的出现，在分享资讯过程中督导者既可以通过鼓励和支持让受督导者自由地表达自己的意见和想法，也可以通过分享资讯表达自己的想法和感受。这样，让受督导者逐渐接受多元的理念，尊重人与人之间的差异性，在了解别人想法的同时，坚持自己的观点；在表达自己看法的同时，对别人的意见保持开放的态度。

7. 重组结构的技巧

在帮助受督导者转变问题的描述、探究生活意义的过程中，督导者常用的一种督导技巧是重组结构。它是指通过将一系列可观察到的事件的消极观察视角转变成积极观察视角的过程，实现生活意义的重新解释。显然，这样的重组结构可以改变受督导者的观察视角，帮助受督导者从一种新的积极观察视角理解生活中的实践，挖掘问题处境中的意义，从而找到改变的方向和意义。在使用重组结构的督导技巧时，督导者需要关注两个方面的考察：①消极事件的情境考察，把生活中的消极事件与发生这一事件的场景联系起来，发掘这种消极事件在这种特定场景中的积极意义。②消极事件的过程考察，将生活中消极事件的描述转化为具体事件发生过程的描述，从中找到积极的意义。尽管这两种方式看起来很不一样，但是实际上它们都是将一种生活中的消极事件的抽象描述转变成具体描述的过程，从而找到消极事件中的积极方面。

（三）结束会议技巧

在督导过程中，督导者需要运用时间这一元素促进受督导者的成长，这不仅是需要及时提醒受督导者督导会议的结束时间，更为重要的是，通过时间进程的把握，帮助受督导者提高时间管理的能力。因此，督导者在督导会议结束阶段就需要运用一些具体的技巧引导受督导者学会管理督导会议的进程。这些技巧包括：①总结。在临近会议结束时，督导者需要花几分钟来总结会议过程中所有讨论过的内容，包括讨论的主题、主要的结论以及不同的看法和新的发现等，让受督导者重新回顾整个督导会议的过程，了解其中的收获。②概括。对于会议中讨论的内容，督导者需要进行概括，帮助受督导者从整体的视角来理解专业实践中遭遇的问题，或者从系统的视角把握不同层次不同的需要，看到具体现象背后的本质，避免就具体的事件来谈事件。③明确任务。在会议结束阶段，督导者还有另一项重要的任务，就是帮助受督导者明确下一步的工作任务，让受督导者的关注焦点集中在未来可改变的空间上，提高受督导者对未来行动的预见能力，特别是在对受督导者开展个别督导时，这个督导技巧的运用对于受督导者的个人成长是很有帮助的，它能够帮助受督导者站在发展的角度来理解专业服务开展的逻辑。④行为预演。对于即将要应对的任务，督导者可以采用行为预演方式提高受督导者的问题解决能力，即让受督导者想象一下未来可能遭遇的困境，并且鼓励受督导者在这样的困境中把学到的应对方式预先表演一遍，或者通过角色扮演的方式让受督导者预先运用已经学到的应对方式。这样，当受督导者在生活中需要面对这样的困境时，就拥有了更好的应对信心。

此外，在会议临近结束的时候，时常会发生一种称为“门把手”综合征的现象，即受督导者因为担心会议结束后没有多少时间可以和督导者交流，就可能提出另一个复杂的问题希望督导者解答，而此时已经没有足够的时间来讨论这样的复杂问题。这个时候，作为督导者除了需要鼓励受督导者采用一种更直接、更自信的方式提出问题之外，还需要引导受督导者把这个复杂问题切割成一个一个的小问题，先解决其中最为紧迫的小问题，其他的留作以后督导会议的讨论议题。

总之，社会工作督导作为督导者、受督导者、服务机构和服务对象四方之间的互动过程，涉及知识、技巧、能力、文化等方面的学习，是一个复杂的相互影响的过程。尽管在本书中整理和介绍了许多督导的技巧，但是值得注意的是，这些技巧只是达到目标的工具和手段，督导的核心要素是督导者与受督导者之间的真诚信任的督导关系。

第五节　评估督导成效

随着督导工作逐渐接近尾声，督导的评估工作就成为一项重要任务，督导工作也就进入了评估工作阶段。在这一评估督导成效阶段，督导者与受督导者不仅需要总结整个督导过程中的开展状况，而且还需要梳理受督导者在督导过程中学习到了什么以及如何获得成长的，以便对督导工作作出准确的评价。此外，作为督导者在评估督导工作阶段还需要针对受督导者的优势和弱点作出评价，以督促受督导者学会正确认识自己，挖掘自己的能力和优势，积极面对未来的挑战。同样，在此阶段受督导者也需要给督导者作出反馈，总结督导者在哪些方面做得比较好、在哪些方面仍需要努力，以帮助督导者在今后的督导工作中提升督导的技巧和成效。

保持客观性是评估督导工作的核心要求，无论评估的结果是作为督导服务中的正式工作回馈，还是服务机构用来判断受督导者升迁或者解雇的依据，都需要保持客观公正。因此，在评估督导工作的过程中，督导者需要遵守以下五项基本原则：①公开。在督导关系开始建立的时候，督导者就需要给受督导者评估工作的导引，让受督导者了解在督导工作的开展过程中和结束阶段需要进行评估的要求，以及评估工作的基本原则和主要方式。②及时。督导工作的阶段性评估需要首先安排在督导的工作中，通过阶段性评估，督导者和受督导者才能发现督导工作中的成功经验和不足之处，及时做好调整和改进。在此基础上，才能安排结束时的正式督导工作的评估。③共享。督导者与受督导者都需要对评估导引的回顾和初步评估的准备负责，只有通过督导双方共同的努力，督导的目标才能实现。④证据为本。在起草评估文件时，无论督导者还是受督导者都需要提供记录他们各自观点的文件。⑤最后决定权。在评估工作中，当督导双方未能达成一致的观点时，这部分的内容则需要由督导者来作出最后的决定。

如果由服务机构内部提供督导，督导工作的最后阶段往往没有明确的时间界限，这样有时也就很难明确界定督导工作的结束阶段。通常情况下，出现了以下两种情况时，督导工作就进入结束阶段：①受督导者离开现有的工作岗位。②督导者离开现有的工作岗位。一旦进入结束阶段，评估工作就可以按照上面所介绍的要求展开。不过，需要注意的是，由于目前我国社会工作仍处于专业化和职业化发展的开始阶段，不少社会工作督导是由高校教师或者港台地区的社会工作专家提供的，这种类型的督导工作常常会由于资金、人事的变动而结束。因此，督导者在准备结束督导工作之前，需要将督导工作移交给其他的督导者，确保服务的稳定性和持续性，使受督导者和服务对象的利益确实能够得到必要的保障。

第六节　督导过程中的常见问题

尽管督导工作有自己要求的程序、技巧和过程，但是实际上在督导工作中无论督导者还是受督导者总会遭遇一些难题，需要双方共同努力才能克服。其中，常见的问题包括督导者与受督导者之间的权力关系以及离职面谈的处理。

一、督导者与受督导者的权力关系

在服务机构内，督导者与受督导者的地位是不同的，督导者通常作为服务机构的管理者，他们需要承担服务机构的管理职责，行使管理职责所赋予的权力，而受督导者往往是一线社会工作者，需要接受督导者的管理和指导。例如，督导者需要对受督导者的工作进行监督和管理，而这些职责往往不被受督导者所欢迎，因为他们更重视关怀、平等、团队合作以及员工参与等①。因此，在督导过程中，督导者如何行使职权、处理好自身与受督导者之间的权力关系是他们经常遇到的困难，是督导过程中十分重要的环节。

一般来说，在服务机构内督导者的权力来源于他所拥有的职权以及掌控别人行为的能力，它不仅与服务机构所赋予的职权有关系，而且还与督导者个人所拥有的知识、技巧和能力有联系。在督导权力的行使过程中，最常见的分类是由弗伦奇和雷文（1960）提出的，主要涉及5类：①奖励的权力。这是在上下级的权力架构中督导者对受督导者的工作表现给予奖励的能力。②强制服从的权力。它是指通过惩罚而迫使受督导者遵从的权力，这种权力在尊重专业自主性的文化氛围中往往让督

① Ming－Sum，Tsui. 社会工作督导：脉络与概念［M］. 陈秋山，译. 台北：心理出版社有限公司，2008：92－102.

导者左右为难。③法定的权力。这是督导者在正式职位上所拥有的这种职位的权力，它通常由管理高层授权以履行组织指派的任务而产生的，主要体现在督导者所行使的督导的行政功能中。④参照的权力。它是指受督导者因督导者的才能或者专业认同而认定其所拥有的相关权力，通常依赖于督导者与受督导者之间的良好督导关系或者受督导者对督导者的仰慕。⑤专家的权力。这是督导者因拥有专业知识和技巧而产生的权力。这样的督导者往往在专业领域有很好的影响力。

督导者在处理这些复杂的权力关系时，遭遇权力不平衡是常见的现象，其中有两种极端情况是比较难处理的：一种是督导者与受督导者之间的权力落差太大，从而导致受督导者的不满和抗拒；另一种是督导者与受督导者之间的权力落差太小，使得督导者无法使用自己的权力监督受督导者的工作表现。显然，督导者需要以艺术化的方式来平衡督导双方之间的权力关系，采用“共识决”[①] 是一种有效的方式，它要求督导者把督导议题分成两类：一类是与机构政策或者行政有关的议题。对于这种类型的议题，督导者可以采用直截了当的方式进行处理，不需要与受督导者过多地讨论。另一类是与机构的专业服务或者服务输送相关的事务。对于这种类型的事务，督导者需要鼓励受督导者参与讨论，发表他们自己的看法，并且与督导者一起讨论，最后再形成清楚的指示，由受督导者确认能够清楚理解后按照要求执行。

二、离职面谈的处理

社会工作是一种高倦怠的职业，特别是在目前的中国，由于职业发展不明朗、待遇不高等原因，社会工作者的流失率一直很高，是阻碍我国社会工作专业发展的一个重要影响因素。这样，离职面谈也就成为我国社会工作督导中的一项重要议题。

---

① Ming-Sum, Tsui. 社会工作督导：脉络与概念［M］. 陈秋山，译. 台北：心理出版社有限公司，2008：92-102.

就一般情况而言，督导者在与受督导者进行离职面谈时，常常需要涉及以下三个方面的内容：①总结工作。肯定离职社会工作者曾经对机构作出的贡献，包括总结社会工作者已经完成的工作和尚未完成的工作，并且同时安排好相关的交接工作。②情绪支持。为离职的社会工作者提供情绪支持，因为无论何种原因导致离职，离职的社会工作者都会表现出程度不同的分离焦虑和担心，作为督导者此时就需要表达对受督导者的理解和接纳，提供情绪支持。③祝福未来。当社会工作者提出离职时，督导者需要尊重离职社会工作者对未来工作的选择，鼓励他们把社会工作对人的关怀等基本价值观运用于新的生活中，保持对社会工作专业价值的认可，并且祝福他们有更好的未来[①]。

本章小结

本章首先从督导的结构出发来考察社会工作督导的实施方式，分别介绍了社会工作督导常用的个别督导、团队督导和同辈督导三种督导方式；其次，根据社会工作督导的时间进程和任务要求将社会工作督导分为建立督导关系、签订督导协议、开展督导工作和评估督导成效四个阶段，并且分别介绍了每个阶段的工作内容、主要技巧和注意事项等；最后，本章还讨论了在督导过程中常见的基本问题，包括督导者与受督导者之间的权力关系以及离职面谈的处理。

① 李晓凤．社会工作督导——理论与实务及本土经验反思［M］．北京：中国社会出版社，2016：96.

第六章　社会工作督导者的继续教育

社会工作督导者在取得督导资质之后，还需要接受继续教育，这几乎成了业界的共识。尽管各地对于社会工作督导者接受继续教育的有关规定不尽相同，但是都把这一措施作为社会工作督导者教育与培训计划中的重要组成部分。一名合格的社会工作督导者就需要不断学习，这不仅是督导工作发展的要求，也是社会工作督导者自身成长的诉求。

第一节　社会工作督导者接受继续教育的必要性

社会工作督导者的继续教育与培训，一直是督导体系建设的重要议题。近年来，各地纷纷提出社会工作督导者的继续教育要求，如广州市提出社会工作督导者应坚持学习和提升专业能力，年度继续教育时数不得少于72小时；厦门市将社会工作专业督导员继续教育纳入年度培训计划，每年安排一定的培训课程，不断更新知识；上海市浦东新区也提出督导者每年须接受一定学时的专业培训和继续教育。这表明，社会工作督导者接受继续教育是非常必要的，它本身就是社会工作督导者培养的一部分内容，已成为人们的一种共识。

一、督导者接受继续教育是督导工作的要求

督导工作不同于一般的社会工作专业服务，是一线社会工作者在专业服务中遭遇困难的咨询和指导，是社会工作专业服务品质的保障。因此，随着社会工作专业服务的发展，督导工作也会面临越来越复杂的实务场景和案例，需要督导者持续学习。

（一）社会新问题和服务新需要的要求

社会工作督导者继续教育之所以必要，在于社会工作督导知识的更新需要与城市化、工业化进程相适应，是与社会经济文化发展相一致的。随着城市化、工业化进程加快，我国人民群众生活方式、价值观念、婚姻观念、人际关系等发生了巨变，新的社会问题不断涌现。如何解决因城市化、工业化带来的社会问题，是一线社会工作者与社会工作督导者需要面对的问题。因此，社会工作督导者需要不断更新知识，提升督导的知识、技巧和能力，以应对新问题的产生。显然，只有通过持续的继续教育学习，作为社会工作督导者才有可能在原有知识基础上不断深化社会工作理念和实务知识，创新督导的方法和技巧，为一线社会工作者提供可靠的专业指导，提高专业服务的有效性。

此外，随着各种新的社会问题的出现，社会福利政策与法规也随之不断增加与修订，这促使社会工作督导者需要不断学习，更新补充专业知识和能力。实际上，正是借助社会工作督导者的不断继续教育的过程，一线社会工作者的专业能力和服务品质才能通过督导过程得到必要的保障。只有这样，社会工作的专业服务发展才能跟上社会的发展要求。

（二）社会工作督导者的选拔与培训方式的要求

在现有的督导培训计划中，社会工作督导者是从一线社会工作者中选拔出来的。作为一名从事一线服务的社会工作者，虽然具备了比较丰富的实务经验，甚至拥有一定的服务管理的经验，但是，就社会工作督导者的角色而言，他们承担了与一线社会工作者不同的角色，不再是直接的服务参与者，而是负责一线社会工作者的培养和指导，工作的重点

和方式都发生了明显的改变，需要学习一系列新的理论知识、实务技巧和督导方法等来“武装”自己，承担起社会工作督导者应该承担的功能。在我国，竞聘上岗的社会工作督导者基于现实工作的考虑也渴望系统培训，通过继续教育不断提升自己的专业能力和督导能力。实际上，社会工作督导者的督导能力在某种程度上决定了一线社会工作者的专业服务能力，专业服务的发展离不开社会工作督导者的持续学习。

（三）社会工作者不断成长的需要

社会工作督导者在一线社会工作者的专业成长上扮演着促进者的角色，社会工作督导者的继续教育是促进社会工作督导者的成长，以便更好地指导一线社会工作者成长的重要途径。社会工作的助人过程是一个双向互动的过程，一线社会工作者在助人的同时也需要他人的支持，这些支持通常涉及两个层面：一个是专业技术层面；一个是心理支持层面。一线社会工作者在助人的过程中难免会遇到自身的知识技巧缺乏、能力经验匮乏、自身心理状态不良等困扰，需要外来的帮助或者继续深造和学习。这个时候，社会工作督导服务就显得尤为重要，给一线社会工作者必要的专业技术支持和心理支持。实践证明，一线社会工作者只有通过定期的、持续的、专业的督导，才能促使自身的专业成长。我国在2008年首次开展了全国社会工作者职业水平考试，这标志着我国社会工作走向了规范化、专业化和职业化。社会工作专业化和职业化的推进需要社会工作人才素质的全面提升，而素质的全面提升离不开继续教育这个平台。由社会工作专业化和职业化催生的本土化的社会工作管理者和社会工作督导者，理所当然地需要通过继续教育来进行相关知识的提高。

（四）社会工作督导的有效性的要求

社会工作督导者的继续教育是提升督导者自身素质、提高社会工作的督导水平、做到有效督导的重要环节。高效的社会工作督导者需要做到以下五点：①系统地安排督导的内容，督导内容的难度适合受督导者的能力。②熟知受督导者处理问题的经验和困扰，协助他们克服困难，并且为他们提供情绪支持，提升受督导者的学习动机。③协助受督导者掌握专业知识和理论，提升实务技巧与能力。④做好实践示范，让受督导者在助人过程中学习自己处理困境和推动与服务对象改变的技巧。⑤不断对自己的督导方式以及继续学习过程作出反思，主动开展继续教育学习[1]。

（五）社会工作督导本土化发展的需要

一直以来“专业督导”培养和训练机制缺失，社会工作专业督导资源匮乏，这在一定程度上影响了社会工作督导本土化的发展进程。因此，要建构本土化社会工作督导者队伍，就需要采用继续教育的方式培养从一线社会工作者中成长起来的督导者，促进社会工作督导者的本土化。由一线社会工作者晋升的内部督导者，通常被一线社会工作者视为“朋友”“同工”或者“主管”等，容易实现督导的情感支持和行政管理的督导功能，但是由于同处一个工作机构，而且都“浸泡”于一线的实务和行政工作中，多数时候只关注一线服务中的具体问题[2]，给予受督导者的理论和知识的指导往往不足，容易与受督导者的期望形成落差。只有通过社会工作督导者的继续教育，才能促进社会工作督导者的理论水平的提升，掌握具有说服力的理论知识。

二、督导者接受继续教育是自身成长发展的要求

就社会工作督导者而言，他们也希望通过不断的继续教育和学习提升自己的专业技能和督导技能，这既是这一社会工作督导工作岗位的要求，也是社会工作督导者追求人生价值的体现。

（一）自我价值实现的要求

社会工作督导者是从优秀的一线社会工作者中选拔出来的，他们通常对社会工作专业有比较高的认同，也对自己的成长发展抱有较高的期

① 刘斌志，沈黎．社会工作督导反思：学习成为有效的社会工作督导老师［J］．社会工作教育，2006（9）．

② 童敏，史天琪．专业化背景下社工机构督导的本土定位和分工——基于厦门A社工机构的个案分析［J］．华东理工大学学报，2017（3）．

望，他们需要具备比一线社会工作者更深的服务资历、更丰富的知识储备和专业技能。卢兆荣曾总结出一名优秀的社会工作督导者需要具备五个维度的能力，即个人特质、职业能力、专业能力、督导能力和管理能力。个人特质包括工作态度、个人心态、个人操守、对社会工作的认同；职业能力包括职业伦理、对行业的了解、对政策的把控；专业能力包括社会工作的知识和理论、实务能力、专业伦理；督导能力包括督导理论知识、督导实务能力、督导守则和操守；管理能力包括自我管理、团队管理和机构管理[①]。其中，督导能力是督导培育的第一要务，而督导者的继续教育对提升督导者的督导能力尤为重要。督导者的学习需要更加主动，它不同于培训，培训相对来说比较被动。因此，督导者需要有主动学习的精神，能够完成自己的职责与任务，更好体现工作的胜任力。实际上，督导者继续教育一方面能够提升督导者在工作领域的专业能力和咨询能力，增强督导者对社会工作专业的认同，提高督导者主动学习的动机；另一方面能够在继续教育过程中实现自我的价值。社会工作督导的原意就是“对专业助人者的帮助，对专业咨询员的咨询”，即帮助助人者缓解心理负担，增强工作动力，确保心理健康，并且由此在督导过程中帮助受督导者做到真正的“助人自助”，提高自我效能感，实现自我价值。目前，国内大部分的机构督导者是由机构的一线社会工作者晋升上来的，督导者接受继续教育的学习也就成为社会工作督导者提升自我、实现进阶的最重要方式。

（二）适应评估和考核的要求

社会工作督导者一般都要定期接受考核和评估，考核评估的指标中就有继续学习的要求，只有完成各种指标，社会工作督导者才能得到续聘。例如，深圳市社会工作者协会秘书处在督导顾问专家委员会的指导下实施督导资格年度考核的年审与督导服务抽查制度，其中的评估标准包括：动态评估、实务考核、专业发展、工作成效等不同方面，督导者

① 卢兆荣．本土社会工作督导培育的五维模式［J］．中国社会工作，2017（7）．

的培训学习也列入其中。考核成绩优秀的，将作为行业年度评优的重要参考；考核成绩不合格的，将限期整改或者直接取消督导资格。深圳市社会工作者协会明确规定，如果有考核不合格后整改仍旧不合格的，或者不接受督导年度考核等七种情形的，取消督导资格。另外，评估指标体系中的各大项内容都需要督导者不断接受继续教育与训练，跟上形势发展的要求，只有学习到新技巧和新知识并且能够解决评估指标中涉及的问题，才能通过考核。以深圳市《初级督导工作成效评估指标体系》为例，督导成效评估指标主要包括：①专业管理，如机构专业发展计划、职责分工、专业培训管理、专业发展参与度等。②服务管理，主要涉及行政管理参与度、服务管理计划、服务进度监测、服务质量管理、服务管理成效报告、专业督导效果、督导团队合同指标量完成情况、年度工作目标完成情况等。③社会工作者成长，包括社工培养计划、社工督导计划、督导人数及次数、督导内容、团队管理、社工绩效考核等。④个人实务与成长，主要涉及个人专业实务计划、督导成长计划、培训等。社会工作督导者的评价则由社会工作服务机构、社会工作协会和评估中心组织安排，评估方式包括社会工作服务机构问卷调查、初级督导者提供佐证材料，并且参照评估社会工作协会统计数据和社区服务中心评估结果。督导者在考核和评估过程中会涉及各种评估指标，无论是专业服务层面还是个人成长层面，都有严格的评判标准。

（三）履行工作职责的要求

社会工作督导者对社会工作服务机构以及用人单位负有以下职责：①参与机构服务质量的评估，对有关服务项目进行审核，协助设计、规划、监督所负责的服务领域的工作安排。②及时对服务团队的问题和情况进行总结，提供改善的建议，调整服务方案。③配合机构人事部门对服务团队内见习督导、督导助理及一线社会工作者的工作进行绩效考核评估，对服务团队的社会工作者招聘、选拔、培养、调岗、辞退等提出建议。④对服务机构和受督导者负责，不断完善自我，提高督导的成效。显然，这些工作职责需要社会工作督导者不断接受继续教育和训练。

三、督导者接受继续教育是政策的要求

2012年颁布的《国家中长期人才发展规划纲要（2010—2020年）》指出，要适应构建社会主义和谐社会的需要，以人才培养和岗位开发为基础，以中高级社会工作人才为重点，培养造就一支职业化、专业化的社会工作人才队伍，到2020年，社会工作人才总量要达到300万人。此处指的中高级社会工作人才，就包括了社会工作督导者在内的人才。显然，培训与教育是培养社会工作督导者的主要途径。2013年，中国社会工作联合会社会工作师委员会启动实施“全国社会工作督导人才培养计划”，该计划以专业课程培训、实务训练和进修学习三种方式在全国重点培养见习督导、初级督导、中级督导和高校实习督导等专业人才。同时，中国社会工作教育协会也组织了全国规模的社会工作督导人才培训。广州市《社会工作行业督导人员资质备案、认证实施办法（试行）》中第十一条明确指出，社会工作督导者需要接受继续教育，应该坚持学习，不断提升专业能力，以便提高督导工作的质量，社会工作督导者的年度继续教育时数不得少于72小时。广州市的这一试行办法还指出，将会另行制定相关继续教育办法和细则。全国其他的省份也对督导者继续教育作出了相关规定，如厦门市将社会工作专业督导员继续教育纳入年度培训计划，每年安排一定的培训课程，要求社会工作专业督导员不断更新知识，提高督导工作质量。上海浦东新区也提出，督导者每年必须接受一定学时的专业培训和继续教育。深圳市则明确规定，督导用人单位应当为督导者参加培训提供时间等方面的支持，督导者必须参加市社会工作协会统筹的总结会议、督导必修课。督导必修课的时间限制在每年度5日（40学时）以内。苏州市在2017年出台了《苏州市社会工作督导管理办法（试行）》，提出苏州市将建立全市社会工作督导人才库，把取得社会工作督导者资格的人员纳入人才库管理，并且对社会工作督导的学习情况、督导服务情况进行管理与跟踪。

由此可见，督导者接受继续教育是目前我国各地开展社会工作督导

者培养计划的政策要求。各地正是想通过加强督导者专业服务能力的培养、实务能力和团队督导能力的提升、岗位督导能力的考核等方式，培养专业的社会工作督导者人才。

第二节　社会工作督导者继续学习的内容

社会工作督导者的教育与培养，是根据督导工作的需求进行的。督导者的继续教育或者继续学习的内容，大体来说需要包括社会工作督导的理论知识、督导过程与技巧、服务总结与研究知识、教育的方法与能力知识、机构行政管理与服务评估知识等。不过，由于我国的社会工作发展时间短，积累的知识与技巧不足，督导者人才少且经验仍显不足。因此，我国社会工作督导者的继续教育内容还会注重合格的督导者应当具备的基本知识、基本技能、基本职责等基础知识的教育，还会要求进行社会工作督导的理论知识学习与专业实务的陪伴。接受了基本督导培训与教育之后，才会朝更资深的社会工作督导者方向去培养。

一、合格督导者需要具备的基本素质

一名合格的社会工作督导者需要具备一定的资格和条件，能够履行社会工作督导者的岗位职责要求，并且通过督导能够提升受督导者的专业服务能力，保障社会工作专业服务的品质。

（一）合格督导者需要具备的资格与条件

社会工作督导者需要具备一定的资格与条件。通常来说，社会工作督导者是由机构中资深的社会工作者担任的。之所以能成为社会工作督导者，是因为他们具有丰富的经验，接受过正规的社会工作专业训练，拥有良好的专业知识，掌握熟练的督导技巧。换句话说，作为合格的社会工作督导者，他们必须符合这样一些条件：①具有丰富的社会工作实务经验，也就是说要有一定的服务年限，在不同的服务领域有深厚的实

务经验积累，能够根据服务经验指引受督导者理解服务事项，展开服务工作。香港注册局社会工作者督导指引明确规定，合格的社会工作督导者要在相关的不同服务领域里（但不一定要在一种特定的服务领域）具有5年以上的服务年限，才能进行督导工作。②需要接受过正规的社会工作专业训练，具有专业的知识与技能。社会工作督导者需要指导受督导者按照社会工作的价值理念遵守专业服务的操作流程与操作方法，因而他们自己首先需要具备专业的理论与实务知识。当然，接受过专门训练并不意味着只能是社会工作专业毕业的学生，接受过系统的社会工作专业训练的非社会工作专业毕业生也是符合要求的。③需要学习督导的知识与技巧。督导工作不仅要传递专门知识，为受督导者提供解决问题的经验知识与理论知识，而且还需要督促受督导者完成工作任务，支持受督导者解决情绪困扰。可以说，社会工作督导者是教育者、支持者和促进者等多重角色的复合，而督导工作则是一项复杂的专业服务。它要求社会工作督导者需要学习如何督导的知识与技巧，获得督导的技能。因此，社会工作督导者需要经历督导知识的培训与学习过程，才能符合督导者的资格要求。显然，这就要求经验丰富的资深社会工作者不断继续学习督导的知识、提升督导的技能，才有可能成为合格的督导者，指导受督导者的专业服务。

总体来说，合格的社会工作督导者需要具备比受督导者更丰富的实务经验，并且接受过一定的专门督导训练，才能够融会贯通复杂的社会工作理论与实务，有效地帮助受督导者解决在专业服务中遭遇的各种疑难困惑。只有这样，一线资深的社会工作者才能够转变成为一名合格的社会工作督导者。

（二）合格督导者需要履行的基本职责

合格的社会工作督导者需要全面、恰当地履行工作岗位所赋予的职责。为此，他们首先需要了解作为社会工作督导者需要履行哪些职责。不同的国家和地区对社会工作督导者的职责规定略有不同，但总体来看，都强调社会工作督导者需要承担起对服务机构、受督导者、社会工作专业以及专业服务行业等方面的职责。具体而言，作为社会工作督导者需要承担起以下这些岗位职责①。

1. 一线社会工作者的督导职责

对于一线社会工作者来说，社会工作督导者需要规范并监督受督导者（包括一线社会工作者）的专业服务行为，协商制定服务领域内统一的各类计划、记录、总结等表格，为受督导者提供恰适的工具；同时，社会工作督导者还需要监督受督导者合理规范地使用各类工作工具，负责所在服务团队的业务水平的提升，按照社会工作专业要求为受督导者设计工作程序，监督受督导者按照设计好的工作程序实施专业服务，并且在工作过程中敦促受督导者遵守社会工作职业道德规范与职业操守。

在专业服务指导方面，社会工作督导者需要按照督导程序的要求为受督导者提供个别督导、团队督导、专项培训、现场实务观察与评估总结等不同形式的督导，指导受督导者的专业服务的开展，审阅、批复受督导者的服务记录，帮助受督导者修正与业务指导不一致的地方，敦促受督导者开展的服务与专业要求相吻合，并且按照时间的规定完成督导记录，协助受督导者及时发现在项目实施过程中可能存在的问题，帮助受督导者分析项目问题的成因，提出有效的改善建议。当受督导者在专业服务中遇到自己不能解决的个案、小组或者其他形式的服务问题时，社会工作督导者还需要跟进受督导者转介的疑难个案、小组或者其他实务工作等，努力以自己的专业技能解决这些专业服务中的问题。

在促进团队有效开展服务方面，社会工作督导者有责任给予受督导者情绪方面的支持，激发受督导者的工作热情和积极性，促进受督导者的专业能力提升以及对专业的认同，主动带领团队发掘、联络相关的社会资源，满足受督导者的服务所需，特别需要协调服务机构、服务使用方、服务监管方等不同利益相关方的关系，以保障专业服务的顺利开展。作为合格的社会工作督导者还需要拓展新项目，协助新项目方案的设计与申报等工作，不断创造新的机会提升团队的专业服务能力。

在提升服务团队业务能力方面，社会工作督导者需要在督导的过程

① 以下内容综合参考了深圳、东莞、上海等地的社会工作督导者职责的规定。

中仔细观察受督导者的业务能力，收集受督导者在专业服务过程遭遇的困扰，或者通过问卷调查、访谈等评估方法了解服务团队的培训需求，在全面掌握受督导者的需求基础上，策划受督导者的培训方案，组织实施不同形式的培训，提高服务团队的专业服务能力。

2. 服务机构、用人单位以及社会工作专业的岗位职责①

在协助服务机构提升服务质量方面，社会工作督导者需要根据所督导领域的实际情况，与相同或者相似督导领域的督导人员协商，协助服务机构制定该领域内各类服务记录表格以及各种社会工作专业服务的工作程序，帮助服务机构对团队内的社会工作专业服务的工作程序、服务质量以及职业操守进行监督、总结、反思与修正，参与服务机构服务质量监测与评估工作，提高服务机构的服务水平，保障服务机构的专业服务质量，协助服务机构审核和管理现有服务项目，并且对服务机构专业服务的推广提供建议。

在协助服务机构及用人单位厘清业务方向方面，社会工作督导者需要与服务机构一起就机构内业务方向进行设计与规划，根据实际需求与服务机构及用人单位沟通协调，调整服务方案，优化服务组合，敦促服务机构秉承服务宗旨，保持清晰的发展方向。

在服务机构的人力资源管理方面，社会工作督导者需要协助服务机构进行绩效考核评估，为服务机构的团队成员招聘、选拔、培养、调岗、辞退等提出建议。此外，作为社会工作督导者还需要代表其所负责的服务团队，对服务中存在的问题和现有的情况进行总结，提出具体的改善建议，并且反馈给用人单位和行业协会等相关单位。

（三）合格督导者需要具备的督导能力

社会工作督导者需要具备较为厚重的社会服务资历、储备丰富的服务知识和拥有娴熟的专业督导技巧，也就是说，合格的社会工作督导者需要具有督导的能力，能够针对受督导者开展督导服务。能力是一个比

① 东莞市社会工作协会．东莞市社会工作督导工作职责手册（试行）．2011年，https：//wenku. baidu. com/view/19b223c68bd63186bcebbc7f. html.

较模糊、难以定义的概念，而且社会工作督导过程涉及社会工作的服务知识、督导双方的心理活动、督导者个人的经验体会、督导双方人际互动、督导活动的情境等众多的影响因素，显然，社会工作督导者的能力将是一个复杂的综合体。有资深的社会工作督导者提出，社会工作督导者应当具备沟通协调、同理心、积极倾听、讲解与归纳、分享个人感受、善用权威、平衡工作的进度与质量、弹性和多元观点、洞察问题和困境、面质、发掘分享资源、危机处理、文化敏感等能力。《深圳市社会工作者初级督导选拔考核管理办法》中对合格社会工作督导者的能力进行了界定，认为需要包括：积极乐观、正面看待事物的态度、敢于承担工作中的困难、能接纳及平等对待不同的文化及取向的个人特质、具备沟通及说服技巧、懂得如何提升激励团队、能够应急处理、具有策划及管理能力、善于配合协调、勇于承担责任、具有社会资源综合利用能力、认可社会工作价值观及社会工作发展模式、认同民间组织文化以及对所在机构有归属感。

概括起来看，作为社会工作督导者在督导的过程中需要具备：①解决服务过程中的客观问题的能力。首先，社会工作督导者需要深刻了解受督导者的社会工作服务领域和工作内容，熟知受督导者所从事的日常工作，明了受督导者是否具备相关服务领域的基本知识。其次，社会工作督导者需要能够指出受督导者在专业服务过程中的优势与不足，理解受督导者的专业服务成效与不足产生的原因，能够引导受督导者选择合适的解决方式处理服务中的问题。另外，社会工作督导者还需要具有履行作为督导者应当履行的，对服务机构、一线社会工作者的工作职责的能力。②解决受督导者在专业服务过程中产生的主观困扰的能力。受督导者的工作能力不仅受知识因素的影响，而且同时也会被情感因素所左右，因此，作为社会工作督导者需要帮助受督导者解决情感方面的困扰，具有解决受督导者主观困扰的能力①。这方面的能力类似于做心理咨询，

---

① 张威．社会工作督导的理论与实践分析：国际发展与国内现状［J］．社会工作，2015（3）．

可以归结为“咨询能力”，即社会工作督导者通过督导咨询在社会资讯与感情层面与受督导者互动，帮助受督导者找出困扰其开展专业服务中的情感障碍，并且利用个别督导或者团队督导的方式，解决受督导者的情感困扰问题。在这种互动式的咨询过程，社会工作督导者既是具有丰富服务经验的先行者，又是具备咨询知识与能力的社会工作者或者心理咨询师和教育工作者。

二、合格督导者需要继续学习的知识

作为合格的社会工作督导者除了需要具备必要的督导资格与条件、履行督导岗位基本职责和开展督导的能力外，还需要具备继续学习的能力，包括不断完善自己的理论知识和实务知识。

（一）合格督导者需要继续学习的理论知识

合格的社会工作督导者需要定期接受继续教育、定期培训学习，以进一步学习社会工作督导相关的理论知识。大部分经过社会工作专业系统训练的社会工作者都学习过社会工作的理论、行政和实务知识，而且接受过社会工作督导训练的社会工作者在如何督导的问题上也有感性认识。但是，要成为合格的社会工作督导者还需要弥补和完善社会工作督导的理论知识。例如，社会工作督导者需要继续学习社会工作督导的类型知识，包括行政性督导、教育性督导和支持性督导等各种督导工作的内容和实施方法。在此过程中，社会工作督导者还需要进一步学习服务机构的社会工作者经常使用的行政管理理论、社会问题与人群认知方面的理论，以及服务机构的行政运作、组织管理、机构政策等方面的理论知识。此外，社会工作督导者也需要学习咨询、沟通与管理等方面的理论知识，包括如何认识自我、如何自我反思等自我成长方面的理论知识。

在学习社会工作督导基础知识的基础上，社会工作督导者需要学习开展业务方面的理论知识，例如服务活动（个案辅导、小组活动、社区活动）规划和项目设计的知识、社会工作的基础理论，以及视野拓宽、团队建设和思维创新等方面的理论知识。

对于那些非社会工作专业毕业或者督导服务经验尚缺乏系统化的社会工作督导者，他们的理论学习重点就需要放在社会工作督导基础理论的教育与学习上，包括社会工作督导的发展历程、社会工作督导的伦理原则、社会工作督导的理论模式、社会工作督导的过程和技巧、相关的政策法规和社会工作基础理论知识等方面。

（二）合格督导者需要继续学习的实务知识

社会工作督导者是服务机构专业管理与专业发展的关键人物，合格的社会工作督导者需要拥有相关的实务知识。

1. 专业管理的知识与技能

作为社会工作督导者需要具有专业管理方面的知识与技能。首先，社会工作督导者需要学习和掌握如何做好服务机构的专业发展计划，知道如何协助服务机构制定可操作性的年度专业发展规划，了解如何提升服务机构的专业化水平；其次，社会工作督导者需要学习团队的职责分工知识，能够制定分工明确的职责说明书，使员工明确各自的岗位职责。同时，社会工作督导者还需要掌握如何协助制订机构年度、季度培训计划，统筹执行服务机构的专业培训；最后，在专业管理的问题上，社会工作督导者需要知道如何运用专业知识，根据服务机构专业发展的规划，形成年度总结报告，检视工作目标的完成情况，全面、客观地分析服务机构在专业发展过程中遇到的困难及其原因，从而制订出工作改进计划。

2. 服务管理的知识与技能

社会工作督导者需要懂得如何制订服务管理计划，能够根据团队的实际情况协助服务机构制订具体的服务管理计划，对机构服务项目的目的及目标、具体内容、进度安排、监测机制等方面进行合理的规划。当然，当服务计划执行完毕后，社会工作督导者还需要负责检查年度工作目标完成情况，能够根据服务管理计划，对照年度服务的执行情况，检视工作目标的完成程度，形成年度总结报告。通过全面、客观地分析团队在服务过程中遇到的困难及其原因，提供改进的计划，为下一次的服务年度计划制订积累必要的经验和知识。

为做好服务管理，社会工作督导者需要做好服务进度的监控与服务质量的监测。根据服务管理计划，社会工作督导者需要设计好监测的工具、做好管理的记录，对服务进度进行监测。在监测服务进度的同时，社会工作督导者需要知道服务质量测控的手段，确保服务进度与服务质量保持一致，使团队在合同期限内开展的各项服务内容能够完成协议规定的指标量。此外，社会工作督导者还需要综合进度监控、质量监测和指标量的完成情况，最终能够代表团队形成服务管理的成效报告，确保从服务管理计划的制订与执行到成效报告的提交形成服务管理的闭环。

3. 团队建设的知识与技能

推动社会工作者的专业成长是督导者的责任，社会工作督导者需要不断学习，以便带动社会工作者的知识与技能的提升。首先，社会工作督导者需要学习社会工作者培养计划的制订，能够根据团队中的社会工作者的实际情况，制订出包含社会工作专业价值、知识、操作规范并且符合社会工作者发展情况的培养计划，涉及目的与目标、具体内容、进度安排、监测机制等不同方面。

社会工作督导者需要掌握团队管理的知识与技能。首先，社会工作督导者需要学习团队沟通与协调的知识与技能，能够通过有效沟通知识与技巧协调团队关系，合理运用人际关系和氛围营造技巧打造团队凝聚力，创建团结协作的团队文化。其次，社会工作督导者需要给团队中每名社会工作者，最大限度地发挥社会工作者潜能的机会，为社会工作者的服务注入价值和意义，以便提升社会工作者的工作动力。当然，绩效考核也是推动社会工作者成长的一种重要手段，督导者还需要掌握绩效考核的方法，定期对团队的社会工作者进行绩效考核。最后，为了使团队形成团队文化，社会工作督导者需要做好团队的文化建设，包括做好培训、身心放松等方面的工作。

为科学地做好团队建设，社会工作督导者需要根据社会工作者培养年度计划和督导年度计划，检查年度工作目标完成情况，形成年度总结报告，并且能够根据年度总结情况，全面、客观地分析社会工作者培养与督导过程中的困难及其原因，提出团队建设的改进计划。

4. 督导者个人成长的知识与技能

社会工作督导者的个人成长是一个有目标、有计划的自主成长过程。作为合格的社会工作督导者需要能够将督导专业实务计划与督导成长计划结合起来，在个人专业实务计划中实现督导成长计划。督导专业实务计划是根据督导协议内容制订的如何督导的进度安排、监测机制等方面的规划，它通常是一个年度计划。当督导专业实务计划执行完成之后，社会工作督导者就能够对督导服务内容形成系统、客观的绩效分析报告，通过检视服务目标完成情况，全面客观地分析执行督导专业实务计划过程中遇到的困难及其原因，制订可操作的工作改进计划。督导成长计划则是社会工作督导者根据个人实际情况，通过明确个人定位、设定成长目标而制定的如何成长的规划。社会工作督导者的成长和发展是连续不断的终身学习历程，与社会工作者的成长过程一样，他们也需要经历最初的自我怀疑、焦虑、开始调整、逐渐适应、认同角色、发挥督导角色功能的过程①。短期的督导成长计划可以与督导专业实务年度计划结合起来设计，根据业务的需要学习和扩充自己的知识，促进自身的成长。督导成长计划也需要不断检视、评估、反思，了解计划是否合适地执行。在督导专业实务计划与督导个人成长计划的执行过程中，社会工作督导者需要学习计划的制订、评估、反思等方面的知识与技能，掌握相关的实施工具。

社会工作督导者通过以上实务知识与技能的学习，能够掌握专业与服务管理、活动规划与项目设计、专业基础与视野拓宽、团队建设与思维创新等工作方面的技能；能够针对受督导者的需要，提高受督导者的学习和改变的动机，及时给予受督导者正向的、建设性的回馈，在服务机构内建立起安全、接纳的督导环境，觉察自己的偏见和刻板印象，合理使用督导岗位的职务和权力，吸引受督导者参与督导流程的设计，舒缓受督导者的工作压力和情绪困扰，促进专业服务质量的提升。

① 高小帆．社会工作督导理论与实务．上海映绿公益事业发展中心提供的培训班的课件。

三、资深社会工作督导者的继续学习

所谓资深社会工作督导者，是指那些从事督导工作时间长、经验丰富、知识与技巧娴熟的督导者。从国内现有的政策来看，资深社会工作督导者就是指那些中级督导者或者高级督导者。这部分督导者跟初级或者助理督导者相比，具有更严格的资格条件，掌握更高层次的督导知识并且能够灵活运用不同的督导技巧。

（一）资深社会工作督导者的资格条件

资深社会工作督导者通常经过多年系统的社会工作实践和理论知识学习，具有通融的专业基础知识与实务经验和丰富的督导经验，能够解决服务的专业性问题，一线社会工作者的工作困惑以及见习督导、初级督导的问题，承担着“督导者的督导”角色。因此，对于这类社会工作督导者，他们的聘任资格要求更高、条件更严格。

对资深社会工作督导者的资质要求，目前大多集中在学历、专业资格证书、职称、机构管理经验或者督导工作年限等硬件条件上，在国内还没有形成统一的资深社会工作督导者的资格要求的规范，但是有些城市和地区出台了该种类型督导者的任职资格的规定。比如《南京市社会工作督导选拔使用管理办法》中规定，要成为中级督导者，申请者需要拥有社会工作及相关专业本科以上学历、具有国家中级社会工作师专业资格证书或者高校社会工作专业副教授职称以上，社会工作机构负责人要有 2 年以上社会服务机构运作管理经验。广东省《社会工作专业督导认证及管理办法》把社会工作督导者分为初级社工督导、中级社工督导、高级社工督导三个级别。规定要具备中级督导者的资格，必须满足一定条件：①取得社会工作师职业水平证书满 3 年。②取得社会工作专业大专以上学历，或者社会工作相关专业（社会学、人类学、心理学、哲学等）本科及以上学历或学位。③年限方面，不同学历的从业年限要求不同，最高 12 年，最低也要 4 年以上。对于高级社会工作督导者的要求，各方面的条件相似，增加了年限时长。另外，对 5 年内督导累计时长也作了相关规定，要求时数达到500小时。以上资格条件的规定，说明要想获得资深社会工作督导者的资格，还需要获得学历、社会工作者职业资格证书以及一线社会工作服务经验和督导经验。

（二）资深社会工作督导者需要履行的职责

资深社会工作督导者与初级的督导者相比，既有相同的职责要履行，也有不同的责任需要负担。从对资深社会工作督导者界定的资格条件来看，资深社会工作督导者需要继续为服务对象提供精湛的社会工作服务，能够培养督导助理或者初级督导者的能力，也能够为行业发展和社会工作服务理论贡献力量。具体来看，资深社会工作督导者需要履行的职责主要包括：①提供社会工作一线服务。正如《深圳市本土督导人员职责规定》和《深圳市社会工作者中级督导选拔办法（试行）》所要求的，中级督导者需要开展社会工作实务服务，每年要负责个案、小组、社区活动若干，能够为服务机构解决由一线社会工作者或者初级督导者转介的疑难个案、特殊个案、创新性个案或者复杂的小组工作等服务。②培养督导助理或者初级督导者。资深社会工作督导者需要带领经验欠缺的督导者学习督导知识、训练督导技能和提升督导能力。同时，资深社会工作督导者还需要承担督导培训的课程设计、课件制作和课程教学等工作。③需要承担机构行政管理责任，提升机构行政管理的水平。资深社会工作督导者需要参与机构行政管理，并且在此过程中研究社会工作行政的相关问题，通过对机构行政管理的分析与解剖，找出机构行政管理的难点及其原因，寻求科学合理的行政管理方法，推动机构行政管理水平的提升。④需要承担推动行业发展的责任。资深社会工作督导者需要积极参加由政府主管部门、行业协会等组织的行业发展专题会议、课题研究小组，提出行业发展的政策建议、进行行业发展的研究工作，积极响应并且参加由政府主管部门、行业协会、机构等组织的行业应急公共服务项目，维护行业利益。为了扩大社会工作行业在社会服务领域的影响，资深社会工作督导者还需要积极主动地参与培训工作，宣传行业服务。

此外，资深社会工作督导者还需要承担丰富社会工作服务的知识体系、生产社会工作服务的知识的职责，能够参与各级机构组织的社会工作课题研究小组，进行课题研究，通过规范的学术研究训练，撰写有质量的学术文章，丰富社会工作服务的知识，代表社会工作行业向学术界发声。

（三）资深社会工作督导者需要的继续学习

鉴于社会工作督导者的职责，资深社会工作督导者还需要在社会工作理论、社会服务研究、机构行政管理、督导技巧提升、督导教育培训、行业政策建议等方面继续深入学习，掌握相应的知识与技巧。具体来说：①在专业理论方面，资深社会工作督导者需要更系统、更深入地学习社会工作的理论知识，对自己所从事的服务领域的有关理论能够掌握得较为全面，甚至对某个或者某些理论有自己独到的理解。例如，从事儿童保护工作领域的社会工作督导者，就需要对依附理论、社会建构理论等社会工作理论有较深入的学习。②社会服务研究方面，资深社会工作督导者需要参与社会工作课题研究，学习撰写学术文章，具备研究能力。因此，资深社会工作督导者就需要学习课题研究的方法、把握学术论文撰写的知识与技巧。例如，想要研究受虐待儿童保护策略与服务框架，就需要学习如何调查受虐待儿童的问题，开展儿童受虐待情况和需求调查，设计调查研究的方案，收集、整理和分析调查资料，并且在资料分析的基础上能够总结出理论，进行理论方面的研究。在此基础上，还需要学习撰写研究报告或者理论研究文章，生产出社会工作服务的知识。③在督导人才培育方面，资深社会工作督导者还需要具备教育能力，为督导助理、初级督导者等督导人才提供教育服务。为此，资深社会工作督导者一方面需要给其他督导者进行现场督导，解决特殊疑难案例，组织督导者讨论解决问题的方法与技巧；另一方面，为了完成教育与训练的工作，资深社会工作督导者需要学会制作社会工作专业课件，能够把控课堂教学，设计教学方案，创新教学方式，具有督导人才培育方面的能力。④在督导技巧运用方面，资深社会工作督导者需要有娴熟的督导技巧。当督导者（助理督导、初级督导者）掌握督导理论知识之后，就需要通过实践才能将理论转化为自身的专业技能，初步掌握督导的方法和技巧，开展督导工作。而这些督导者的能力提升就需要借助资深社会工作督导者的指导。因此，资深社会工作督导者需要结合督导理论和社会工作理论的学习，通过经验的不断积累在督导实务中不断提炼、反思自己的督导经验，娴熟掌握督导的知识与技巧，形成自己的督导风格，总结出可供其他督导者学习的督导的知识和技巧。

总之，不管是社会工作督导者还是资深的社会工作督导者，都需要具备督导的技巧、经验和方法，都需要掌握社会工作督导的理论和知识。这些理论和知识是综融性的复合知识，不仅仅只有专业知识，而且要有“集领导、管理、心理支持、策划、风险管控、传媒等众多知识于一体的知识体系”①。

第三节　社会工作督导者继续学习的途径与方法

社会工作督导者的培训与继续教育，需要有不同的模式、途径与方法。不同的选拔方式产生的督导者，他们的业务能力、实务经验是不同的，继续教育的方法也就应该有所不同。例如，《广州市社会工作行业督导人员资质备案、认证实施办法（试行）》中就规定，符合“具有社会工作或社会学专业硕士学位、在广州地区高校从事社会工作专业核心课程教学和研究工作，并具有五年及以上社会工作专业服务领域的实务指导工作经验；或具有博士学位，在广州地区高校从事社会工作专业核心课程教学和研究工作，并具有三年及以上社会工作专业服务领域的实务指导工作经验；或高校社会工作专业教师，从事社会工作专业核心课程教学等”可选拔为社会工作督导者。这种方式培训选拔出来的督导者与从实务经验丰富的一线社会工作者或者督导助理中选拔出来的督导者，无论知识背景、实务经验，还是能力要求，都可能会有较大的差距。显

① 张英．感受中国台湾地区社会工作督导的科学与艺术［J］．中国社会工作，2017（28）：55－56.

然，这类督导者的继续教育与学习的途径、方法肯定与直接从一线社会工作者中选拔出来的督导者的途径与方法是不同的。督导者选拔出来之后，接受培训的内容与方式以及后续的教育内容与方式也不同。例如，《浦东新区关于社会工作督导人才队伍建设实施意见》中明确提出，先选拔、再培养，培养合格后按不同资质颁发助理督导师、初级督导师、中级督导师和高级督导师等不同级别证书。这样的督导者培养选拔方式与《厦门市社会工作专业督导员培养方案》中对督导员采用课程培训和实务陪伴相结合的形式培养选拔出来的督导者不同，他们接受继续教育的形式、内容和要求也有所不同。因此，可以认为，继续教育与学习的模式、方法、途径可以多样化。

不过，社会工作督导者的继续教育，可以被视作是各类继续教育与培训类型的一种，通用的教育与培训的方法、学习的方式与方法等，也是能够借用并适用于社会工作督导者的培养的。

一、确立社会工作督导者继续教育的理论模式

开展社会工作督导者的继续教育，可以采取岗前培训、在职轮训、职业进修、自学考试以及成人教育等方式进行，从继续教育改变社会工作督导者知识和能力的过程及其承担的功能来分析，可以有以下三种常见模式：①更新模式。更新模式主要是通过继续教育达到更新专业知识和技能的目的。随着社会的变迁，各项福利制度和政策法规也在不断更新，因此，社会工作督导者需要及时更新和补充专业知识和能力的不足，学习更多的专业知识和信息，以满足工作的需要，提供更为有效的专业服务。②能力模式。能力模式认为，社会工作督导者继续教育的主要任务是评估、创造、维持、更新、增强并确认社会工作督导者持续发展所需要的能力，具体包括专业服务所需要的知识、技能、特性、自我形象、自我角色扮演以及继续学习的动机等。社会工作督导者需要通过继续教育提升自身能力，这是时代的要求，既能确保自己的持续发展，又能提供更优质的服务。③表现模式。表现模式强调学习者本身就是推动继续

教育的工具。该模式常用的继续学习方式包括引导训练、基本知识与技能训练、专业主题训练、专业会议、个案研讨、专题演讲、专业督导、读书报告、参观观摩、业务实习训练等①。

二、选择社会工作督导者接受继续教育的途径

确立了社会工作督导者继续教育的理论模式之后，社会工作督导者就需要选择接受继续教育的途径，以便明确通过什么方式得到督导者所需要的继续教育，了解不同途径的继续教育各自的优缺点。

（一）课程培训

督导课程培训，是社会工作督导者继续教育常采用的途径之一，它主要是通过对学员进行集中式理论与实务的学习达到督导培训的目的。例如，广州市的社会工作督导者培训班就将整个督导课程培训分成四个模块进行，即督导理论学习、督导实务学习、督导实务实习及督导工作坊，倡导“理论＋实务＋实习＋工作坊”的督导者培训模式。深圳市开展的督导课程培训则将培训内容分为能力提升发展性知识、督导工作的宏观视角、社会工作督导工作职责的认识与了解、社会工作督导工作技巧、行动学习主题研究、督导优秀学习经验分享等几大模块。厦门市的督导培训课程很有特点，它将培训内容分为理论学习与实务陪伴两个阶段，在理论学习阶段，主要运用集中式课程学习的方式进行，学习的课程包括服务活动（个案辅导、小组活动、社区活动）规划和项目设计、专业基础和视野拓宽、团队建设和思维创新等内容。上海市浦东新区的督导培训课程，则强调社会工作督导技巧、督导的研究能力和教育能力、督导的行政能力及服务评估能力等方面②。这些培训内容与中国社会工作协会社会工作师委员会委托现代社会工作人才发展服务中心和社会服

① 刘斌志．终身学习视野下社会工作专业继续教育的发展［J］．继续教育研究，2011（2）．

② 编辑部．督导的培养与职责［J］．中国社会工作，2017（4）．

务发展研究中心（香港）于2013年开始的“社会工作督导人才培养计划”的课程有些相似，该培训班的理论学习课程有：体验式教育在社会工作中的应用——团队构建、历奇训练与督导工作、短期焦点治疗法的应用、情境领导法于督导之应用、机构服务计划与评估——逻辑模式之应用、督导课程的内容和基本理论、督导文书批阅、社会服务机构主管的角色与任务以及项目管理等。

（二）实地参访

与课程培训不同，实地参访则是进行实地的考察和探访，它是社会工作督导者继续教育中常用的一种培训途径。社会工作督导者可以根据自身的兴趣与需要，去香港、广州、深圳等社会工作发展比较快的社会工作机构参访交流，学习这些服务机构的实务经验，深入了解督导的技巧、项目的运作、项目评估的相关事项等，为服务机构以后开展项目工作提供更多的视角和方向，提升社会工作督导者的督导技能。同时，这样的实地参访也了解了其他服务机构正在开展的项目活动，为以后开展相关的项目活动提供参考。当然，实地参访也可以去国外社会工作发展较好的国家和地区学习社会工作督导方面的专业理论和方法，结合中国本土的情况与需求，建立有中国特色的本土化督导模式。

（三）交流学习

搭建线上交流平台，把社会工作领域的专业权威人士、机构的资深社会工作督导者、接受继续教育的社会工作督导者等专业人士会聚在一起，让权威人士与资深社会工作督导者在线上分享自己的经验，督导者提出自己在平常督导过程中遇到的问题及学习过程中出现的困惑，大家相互讨论，找出问题的答案，这就是社会工作督导者之间的交流学习。另外，社会工作督导者可以根据自己的兴趣所在或者工作需要选择特定的主题，查找相关的文献与资料，开展相应的主题活动，理论运用于实践，对主题范围内的知识有一个比较全面的了解，相互交流分享自己的收获与经验，并对自己在学习过程中出现的问题进行探讨，邀请专业权威和资深社会工作督导者进行分析和指导，以提升自己的督导能力。

三、明确社会工作督导者接受继续教育的学习方法

在社会工作督导者的继续教育中，有多种不同的学习方式供社会工作督导者选择，其中常用的包括注重“做中学”的行动学习、关注问题解决的PBL学习法、强调互动的互动式学习方法以及侧重角色扮演与虚拟实境相结合的学习法。

（一）行动学习法

行动学习（Action Learning，也有翻译为“行动学习法”）属于“做中学”，简单来说就是通过行动实践学习，即在一个专门以学习为目标的背景环境中，以组织面临的重要问题为载体，学习者通过对实际工作中的问题、任务、项目等进行处理，从而达到开发人力资源和发展组织的目的[①]。这种学习方法强调通过一群人以团队方式共同解决组织实际存在的问题，在此过程中学习解决问题的方法。它是一个自主行动、学习的过程，该方法的关键是相信每个人都有潜能，在“做”的过程中，潜能会在行动中最大限度地发挥出来。因此，这种学习方法有一套完善的学习指导框架，保证小组成员能够在高效解决问题的过程中实现学习和发展，这个学习的框架包含着四个学习过程：①知识学习，从已有的知识中学习。②体验经验，从个人的经验中学习。③团队学习，从小组其他成员的经验中学习；④探索性地解决问题，在解决实际问题的过程中学习[②]。

运用行动学习法进行社会工作督导者培训时，培训师带领接受继续教育的社会工作督导者开展具体的项目，通常需要把督导者组成一个4—6人的学习小组，对于实践过程中遇到的问题或困惑进行讨论，咨询彼此的方法、对策和意见。在这一过程中，培训师可以从旁协助，受培训的社会工作督导者需要一边实践、一边反思过去的经验和行动，

---

① 宫桼．行动学习法及其启示［J］．中国培训，1998（11）

② 李天．行动学习及其意义［J］．连锁特许，2009（5）．

通过实践和反思的结合，提升界定问题、综合分析问题以及解决问题的能力。

（二）PBL 学习法

PBL（Problem - Based Learning，PBL，也称作“问题式学习”）是一套设计学习情境的方法，最早起源于 20 世纪 50 年代的医学教育。与传统的教学法有很大不同，PBL 强调学员的主动学习，而不是传统教学中的教师讲授。PBL 将学习与更大的任务或者问题挂钩，强调把学习设置到复杂的、有意义的问题情境中，通过学员的自主探究和合作来解决问题，从而学习隐含在问题背后的科学知识，形成解决问题的技能和自主学习的能力。PBL 学习法为学员营造了一个轻松、主动的学习氛围，使他们能够自主地、积极地畅所欲言，充分表达自己的观点，同时也可以十分容易地获得来自其他同学和老师的信息。课程的问题尽可能多地呈现出来，在讨论中不仅可以加深对正确理论的理解，还可以不断发现新问题，解答新问题，使学习过程缩短，学习的印象更加深刻。这种方法对理论学习有很大益处，而且还能够锻炼学员多方面的能力，如文献检索、查阅资料、归纳总结、综合理解、逻辑推理、口头表达、自主学习以及终身学习等能力。

一般来看，社会工作督导者继续教育的培训师在充分了解接受继续教育的督导者的能力情况后，需要制定有针对性的讨论提纲，选择出合适的案例，交由他们去讨论。接受继续教育的社会工作督导者则会主动配合老师，从准备资料开始，结合提纲和案例查阅大量的文献资料，并积极与其他督导者交流沟通，同心协力得出最佳结论。这样的学习，花在前期准备工作上的时间精力大大多于普通的课堂学习，因此，学员收获的知识和经验往往也会更多，同时也培养了学员主动学习的能力。

（三）互动式学习法

互动式学习（Interactive Learning）是学员通过在现场得到的第一手资料，分析和理解需要研究的问题，从中获得学习体验，帮助培养一种正确的学习态度与行为的学习方法[①]。互动式学习以学员在学习过程中与教师、同学、学习中介（教材、教学手段和其他媒介）的交互作用的发展规律为主线，把学员交互作用的发展过程分为三个阶段：启动阶段、联运阶段和能动阶段。这三个阶段又包含了反映学员在教学交互活动中行为状态的七个环节：引发、投入、耦联、加速、深入、强化、拓展。也就是说，互动发展经历七个过程：准备互动—开始互动—初步互动—充分互动—深化互动—内联互动—发展互动。在这七个环节中，每一个环节都同时是前后环节的必要前提和内在成分。虽然，每个环节各有不同的结果，但是没有一个环节可以与前后环节相脱离，各个环节虽然可以相对独立，但是彼此相互紧密相连。这种学习结构体现了教师和学员的最大参与，他们始终处于相互配合和协调之中。

在社会工作督导者培训时，培训师预先设定主题库，接受继续教育的社会工作督导者根据自己的兴趣和工作的需要选择一个主题，选择相同主题的督导者形成一个兴趣小组。如果在培训师预先的主题库中没有感兴趣的主题，社会工作督导者可以另外生成新的主题，组成兴趣小组。在2—3周的时间内，个人可采取查找、调查、询问、实践活动等一切方式寻求有关知识，并将其学习过程和结果记录下来，做成档案袋。在社会工作督导者寻求相关信息时，培训者会提供必要的指导和帮助，并组织定时或者不定时的小组讨论，开展组内成员之间的互动合作学习。当各小组学习到一定时间并收集到足够资料后，选出小组汇报员，由汇报员整理并汇报各组学习过程和成果，进行组间成员之间的互动合作学习。培训师会根据教学目标，根据主题小组的学习情况进行总结，找到培训的薄弱环节，有针对性地实施教育。

（四）角色扮演与虚拟实境结合学习法

角色扮演法是指通过赋予受训者一个假定的角色，要求其按照角色的要求表现自己的行为，并且观察、记录和评价角色扮演的行为。角色扮演的优点在于可以选择在一般经验中并不常见的特殊的剧情，因为受训者现

---

① 冀宁．现代汉语课堂中的互动式学习［J］．科技咨询导报，2007（24）：200.

在并不是实践者，变数与选项可以控制得更精确。但是，角色扮演在表演、确实性和说服力方面存在常见的困难。角色扮演更贴近真实的事件，包括学员经验的现场重现。

虚拟实境是由一名学员与另一名在一般日常工作上遭遇一些问题且需要协助的学员组成小组，由第三者担任观察者的角色，提供及时回馈与支持。这样三人一组的角色轮流交换，可以更加丰富每名接受继续教育的社会工作督导者的经验。这种学习方式最大的优点在于训练中的社会工作督导者仿佛置身于真实的情境中，然而又与真实的情境存在不同，因为“督导者”并没有现实生活中真实督导者所具备的权威①。

针对目前我国大部分服务机构的内部督导者往往是由一线社会工作者提升上来这一现实可以看出，虽然他们具有丰富的实践经验，但是在督导技巧与方法上仍有欠缺，因此，可以采用角色扮演和虚拟实境的方法帮助他们更好地丰富督导经验。在实际操作过程中，培训师可以拿出一个具体的案例，由一名学员扮演一线社会工作者的角色，另一名学员扮演服务对象的角色。根据案例描述的角色和内容进行角色扮演，重现案例中的角色形象，重新呈现实务情境。由角色扮演者讲述自己扮演的感受以及在与服务对象交流时自己感受的困惑，以便社会工作督导者更好地理解一线社会工作者在服务过程中遇到的困扰。服务对象的扮演者在扮演过程中可以体会服务对象在实际生活中的遭遇，理解服务对象的内心感受，使社会工作督导者更能够明白服务对象的需求，在以后指导一线社会工作者时更有针对性。其他学员可以观察角色扮演过程中出现的问题，并且针对问题进行讨论与反思，这样可以帮助查漏补缺。

本章小结

本章首先介绍了社会工作督导者接受继续教育的必要性，分别从督导

① 江盈谊，等．社工督导［M］．台北：学富文化事业有限公司，2000.

者接受继续教育是督导工作的要求和自身成长发展的要求这两方面进行了阐述。接着，本章详细梳理了社会工作督导者继续学习的内容，涉及督导者需要具备的基本素质、履行的基本职责以及督导者需要具备的督导能力三个方面。最后，本章就社会工作督导者继续学习的途径与方法展开讨论，分别从确立社会工作督导者继续教育的理论模式、选择社会工作督导者接受继续教育的途径以及学习方法三个方面作了详细的介绍，并且对社会工作督导者继续教育的不同途径和学习方法的优缺点作了对比和分析。

参 考 文 献

1. Davys，A. Beddoe，L. 社工督导：理论与实务［M］. 曾焕裕，刘晓春，译. 台北：洪叶文化事业有限公司，2016.

2. Jane Wonnacott. 社会工作督导［M］. 赵环，魏雯倩，等，译. 上海：华东理工大学出版社，2015.

3. 曾华源，等. 社会工作专业价值与伦理概论（第二版）［M］. 台北：洪叶文化事业有限公司，2011.

4. 陈锦棠. 社会工作督导：经验学习导向［M］，台北：巨流图书股份有限公司，2012.

5. 陈为雷. 社会工作行政［M］. 北京：中国社会出版社，2010.

6. 何怀宏. 伦理学是什么［M］. 北京：北京大学出版社，2015.

7. Beckett，C. 洪敏琬. 社会工作实务理论：整合运用取向［M］. 洪敏婉，译. 台北：洪叶文化事业有限公司，2013.

8. 江盈谊，等. 社工督导［M］. 台北：学富文化事业有限公司，2000.

9. 卡杜山，哈克尼斯. 社会工作督导：第 4 版［M］. 郭名倞，等，译. 北京：中国人民大学出版社，2008.

10. 李晓凤. 社会工作督导——理论与实务及本土经验反思［M］. 北京：中国社会出版社，2016.

11. 童敏，张剑. 社会工作基础知识［M］. 北京：中国社会出版社，2015.

12. 王思斌．社会工作导论［M］．北京：高等教育出版社，2013.

13. 谢秀芬．社会工作概论［M］．台湾：双叶书廊有限公司，2015.

14. Ming－Sum，Tsui. 社会工作督导：脉络与概念［M］．陈秋山，译．台北：心理出版社有限公司，2008.

15. 编辑部．督导的培养与职责［J］．中国社会工作，2017（4）.

16. 崔夏琼．社会工作督导发展现状、问题及对策研究——以广州市为例［D］．江西财经大学，2016.

17. 宫栾．行动学习法及其启示［J］．中国培训，1998（11）：20－21.

18. 胡东成，王爱义．英国继续教育机构督导标准研究［J］．成人教育，2011，31（12）：4－7.

19. 冀宁．现代汉语课堂中的互动式学习［J］．科技创新导报，2007（24）：200－200.

20. 李宝库，王青山．社会工作在中国［J］．中国社会工作，1994（1）：7－13.

21. 李天．行动学习及其意义［J］．管理工程师，2009（5）：66－68.

22. 李晓凤，黄巧文，马瑞民．社会工作督导的历史演进及其经验启示——以美国、中国深圳社会工作督导实务为例［J］．社会工作与管理，2015，15（6）：12－17.

23. 林秉贤．台湾社会工作专业继续教育之生态与社会工作专业胜任能力之研究——以财团法人台湾儿童暨家庭扶助基金会为例［D］．东海大学，2016.

24. 刘斌志，沈黎．社会工作督导反思：学习成为有效的社会工作督导老师［J］．社会工作，2006（9）：35－37.

25. 刘斌志．终身学习视野下社会工作专业继续教育的发展［J］．继续教育研究，2011（2）：8－9.

26. 刘选会，郭俊仓．合作式学习方法研究［J］．图书情报导刊，2011（24）：118－120.

27. 卢兆荣．本土社会工作督导培育的五维模式［J］．中国社会工作，2017（7）：62－62.

28. 齐华栋，沈文伟. 社会工作机构督导培养路径选择［J］. 社会工作，2012（8）：31－33.

29. 沈黎，王安琪. 本土社会工作督导运作状况研究——基于上海社会工作实务界的探索性分析［J］. 社会工作，2013（1）：86－97.

30. 童敏，史天琪. 本土社工机构督导的层次和功能：一个探索性框架［J］. 社会工作与管理，2018，18（1）：5－10.

31. 童敏，史天琪. 专业化背景下社工机构督导的本土定位和分工——基于厦门A社工机构的个案分析［J］. 华东理工大学学报（社会科学版），2017：37－46.

32. 童敏. 功能理论的历史演变、基本逻辑框架以及对社会工作的影响［J］. 中国社会工作研究，2014（1）：1－24.

33. 童敏. 中国本土社会工作专业实践的基本处境及其督导者的基本角色［J］. 社会，2006，26（3）：194－204.

34. 王洪. 本土化视角下社会工作督导面临的困境及发展路径［J］. 曲靖师范学院学报，2016，35（2）：68－71.

35. 王圣军，张绮莹. 社会工作者继续教育研究［J］. 继续教育研究，2011（8）：12－14.

36. 文颐. 成人培训的尝试——“主题互动式”学习［J］. 北京劳动保障职业学院学报，2002，10（3）：58－59.

37. 相华文. 社会工作伦理困境研究［D］. 中国矿业大学，2017.

38. 游琳玉. 心理咨询与治疗督导过程中伦理问题的质性研究［D］. 北京理工大学，2015.

39. 张洪英. 中国社会工作督导的现状与未来发展［J］. 中国社会工作，2017，（4）：1.

40. 张莉萍，韦晓冬. 中国社会工作本土化实践：督导人才培养研究报告——以珠江三角洲地区为例［J］. 华东理工大学学报（社会科学版），2011，26（6）：8－15.

41. 张威. 社会工作督导的理论与实践分析：国际发展与国内现状［J］. 社会工作，2015，（3）：9－21.

42. 中央组织部、中央政法委、中央编办等 19 个部委和群团组织．社会工作专业人才队伍建设中长期规划（2011—2020 年）［N］．中国社会报，2012. 04（3）．

43. AASW：Australian Association of Social Workers Supervision Standards，2014.

44. AASW：Practice Standards for Social Workers：Supervision，2000.

45. ABECSW：Clinical Supervision：A Practice Specialty of Clinical Social Work，2004.

46. Barak，M.，Dnika J. T.，Pyun，H. & Xie，B. The Impact of Supervision on Worker 0utcomes：A Meta – analysis. Social Service Review 2009，83（1），3 – 32.

47. BASW/COSW：Research on supervision in social work，with particular reference to supervision practice in multi disciplinary teams，2012.

48. Beddoe，L.，Davys，A. *Challenges in professional supervision：Current themes and models for practice.* Jessica Kingsley Publishers，2016.

49. Bernard J. M.，Goodyear R. K. Fundamentals of Clinical Supervision. Pearson education，2012.

50. Bogo，M.，& McKnight，K. Clinical supervision in social work：A review of the research literature. *The Clinical Supervisor*，2006，24（1 – 2），49 – 67.

51. Brehm，J.，Gates，S. When Supervision Fails to Induce Compliance，in *Journal of Theoritical Politics*，1994，6（3），323 – 343.

52. Brown，A.，&Bourne，I. The social work supervisor：supervision in community，day care and residentical settings. Philadelphia：Open University Press，1996.

53. Burke，P. Risk and supervision：Social work responses to referred user problems，British Journal of Social Work，1997，27，115 – 29.

54. Carolyn Cousins. Becoming a Social Work Supervisor：A Significant Role Transition. Australian Social Work/June，2004，57（2），175 – 185.

55. Carroll，M. Supervision：Critical reflection for transformational learning，

Part 1. *The Clinical Supervisor*, 2009, 28 (2), 216.

56. Chiller, P. , & Crisp, B. R. Professional supervision: A workforce retention strategy for social work? *Australian Social Work*, 2012, 65 (2), 232 - 242.

57. Ching Man Lam & Miu Chung Yan. Driving ducks onto a perch: the experience of locally trained Shenzhen supervisor, China Journal of Social Work, 2015, 8 (2), 182 - 194.

58. Clare, M. Supervision, Role Strain and Social Service Departments. British Journal of Social Work Volume 18, Number 5, 1988: 489 - 507.

59. Corey, G. , Corey, M. S, Callanan, P. Issues & ethics in the helping professions. (8th Edition). Pacific Grove, CA: Brooks/Cole Publishing, 2011.

60. Davys, A. ' A Reflective Learning Process for Supervision. ' In L. Beddoe and J. Worrall (Eds.) Supervision: From Rhetoric to Reality. Auckland: Auckland College of Education, 2001.

61. Davys, A. , & Beddoe, L. Best practice in professional supervision: A guide for the helping professions. Jessica Kingsley Publishers. 2010: 11 - 14.

62. Edwards, J. K. , & Chen, M. W. Strength - based supervision: Frameworks, current practice, and future directions: A wu - wei method. *The Family Journal*, 1999, 7 (4), 349 - 357.

63. Egan V R. Social work supervision practice in Australia: does the rhetoric match the practice? [D]. The University of Melbourne, 2012.

64. Ellis, M. V. Bridging the Science and Practice of Clinical Supervision: Some Discoveries, Some Misconceptions. The Clinical Supervisor, 2010: 106.

65. Falender, C. A. , Burnes, T. R. , & Ellis, M. V. Multicultural clinical supervision and benchmarks: Empirical support informing practice and supervisor training. The Counseling Psychologist, 2013 (41), 8 - 27.

66. Gelso C J, Carter J A. The relationship in counseling and psychothera-

py: Components, consequences, and theoretical antecedents. Counseling Psychologist, 1985: 159.

67. Godden, J. (2011). BASW/CoSW England research on supervision in social work, with particular reference to supervision practice in multidisciplinary teams. online. *http: //cdn. basw. co. uk/upload/basw_* 13955 – 1. *pdf.*

68. Greenspan, R., Hanfling, S., Parker, E., Primm, S. and Waldfogel, D. Supervision of experienced agency workers: A descriptive study, the clinical supervisor, 1991.

69. Hair, H. J. and O'Donoghue, K. 'Culturally relevant, socially just social work supervision: Becoming visible through a social constructionist lens.' Journal of Ethnic and Cultural Diversity in Social Work. 2009, 18 (1), 70 – 88.

70. Hancox, K., Lynch, L., Happell, B., & Biondo, S. (2004). An evaluation of an educational program for clinical supervision. International Journal of Mental Health Nursing, 2004, 13 (3), 198 – 203.

71. Harkness, D. (1997). Testing interactional social work theory: A panel analysis of supervised practice and outcomes. *The Clinical Supervisor*, 1997, 15 (1), 33 – 50.

72. Hawkins, P. and Shohet, R. Supervision in the Helping Professions (4th edition). London: Open University Press McGraw – Hill, 2012.

73. Heppner, P. P., & Roehlke, H. J. Differences among supervises at different levels of training: Implications for a developmental model of supervision. Journal of Counseling Psychology, 1984, 31 (1), 76 – 90.

74. Honey, P. Mumford, A. Learning styles questionnaire. http: www. peterhoney. com, 2000.

75. Howe, D. *A brief introduction to social work theory.* Palgrave Macmillan.

76. Howe, K., Gray, I. Effective supervision in social work. Learning Matters.

77. Hughes, L., & Pengelly, P. *Staff supervision in a turbulent environ-*

ment: *Managing process and task in front – line services.* Jessica Kingsley Publishers, 1997: 42.

78. Kadushin, A., & Harkness, D. *Supervision in Social Work* (4th Edn.). New York: Columbia University Press, 2002.

79. Kadushin, A. What's wrong, what's right with social work supervision? *The Clinical Supervisor*, 1992: 3 – 19.

80. Kaiser, T. L., & Kuechler, C. F. Training supervisors of practitioners: Analysis of efficacy. *The Clinical Supervisor*, 2008, 27 (1), 76 – 96.

81. Kolb, D. A. Experiental learning. *Englewood cliffs*, 1984.

82. Kraemer Tebes, J., Matlin, S. L., Migdole, S. J., Farkas, M. S., Money, R. W., Shulman, L., & Hoge, M. A. Providing competency training to clinical supervisors through an interactional supervision approach. *Research on Social Work Practice*, 2011, 21 (2), 190 – 199.

83. López, S. A. Paving the Way to Best Practices in Clinical Supervision. NASW Texas Annual Conference, 2015.

84. MacEachron, A. E., Gustavsson, N., Lavitt, M., & Bartle, E. Supervisor preferences for the design and delivery of training. *Journal of Public Child Welfare*, 2009, 3 (2), 173 – 189.

85. Mak, Melissa A., "Supervision Training Needs: Perspectives of Social Work Supervises" (2013). Master of Social Work Clinical Research Papers. http://sophia.stkate.edu/msw_papers/225.

86. Marc, C., Makai – Dimeny, J., & Oşvat, C. (2014). The social work supervisor: skills, roles, responsibilities. *Bulletin of the Transilvania University of Braşov*, 2014, 7 (1), 221 – 230.

87. McMahon, M. and Simons, R. Supervision Training for Professional Counselors: An Exploratory Study. *Counselor Education and Supervision*, 2004, 43: 301 – 309.

88. McNamara, P. M. Staff support and supervision in residential youth justice: an Australian model. *Residential Treatment for Children & Youth*, 2010,

27 (3), 214 -240.

89. Mordock, J. B. The new supervisor: Awareness of problems experienced and some suggestions for problem resolution through supervisory training. The Clinical Supervisor, 1990, 8 (1), 81 -92.

90. Morrison, T. *Staff supervision in social care: Making a real difference for staff and service users.* Brighton: Pavilion. 2001.

91. Munson, C. E. *Handbook of Clinical Social Work Supervision* (3th ed.). New York: Routledge, 2002, 51 -93.

92. NASW: Standards and Indicators for Cultural Competence in Social Work Practice (2015). https://www.socialworkers.org.

93. Newfoundland and Labrador Association of Social Workers (2011) Canada – Standards for Supervision of Social Work Practice.

94. NISW (1995) Managing Practice: supervision and the organisation.

95. O' Donoghue, K., & Tsui, M. S. Social work supervision research (1970 - 2010): The way we were and the way ahead. *The British Journal of Social Work*, 2013, 45 (2), 616 -633.

96. Olmstead, J. A., Christensen, H. E. Effects of agency work contexts: An intensive field study. (No. 2). Washington, DC: Department of Health, Education, and Welfare, Social and Rehabilitation Service, 1973.

97. Payne, M. Personal supervision in social work. In A. Connor & S. Black (Eds.), *Performance Review and Quality in Social Care.* London: Jessica Kingsley Publishers, 1994: 43 -58.

98. Payne, M. Social Work Theories and Reflective Practice. In Adams, R., Dominelli, L., and Payne, M. (Eds.) Social Work: Themes, Issues and Critical Debates. Basingstoke: Palgrave, 1998: 125.

99. Peace Yuh Ju Wong & Alexander Earn Yung Lee (2015). Dual roles of social work supervisors: strain and strengths as managers and clinical supervisors, *China Journal of Social Work*, 2015, 8 (2), 164 -181.

100. Presbury, J., Echterling, L. G., & McKee, J. E. Supervision for In-

ner Vision: Solution – Focused Strategies. *Counselor Education and Supervision*, 1999, 39 (2), 146 – 155.

101. Rich, P. The form, function, and content of clinical supervision: An integrated model. *The Clinical Supervisor*, 1993, 11 (1), 137 – 178.

102. Richmond, M. E. (2017/1917). *Social diagnosis*. New York: Russell Sage Foundation, 351 – 352.

103. Ruch, G. Self and social work: Towards an integrated model of learning. *Journal of Social Work Practice*, 2000, 14 (2), 99 – 112.

104. Sandu, A., Unguru, E., Ponea, S., Cojocaru, S. Analysis of professional competencies in social services supervision, 2010.

105. Shulman, L. *Interactional Supervision*. Washington, DC: NASW Press, 2010.

106. Smith, M. Supervision of fear in social work: A re – evaluation of reassurance, *Journal of Social Work Practice*, 2000, 14 (1), 17 – 26.

107. Social Workers Registration Board: Guidelines for Social Work Supervision, 2009.

108. Soheilian, S. S., Inman, A. G., Klinger, R. S., Isenberg, D. S. and Kulp, L. E. 'Multicultural supervision: Supervises' reflections on culturally competent supervision.' Counselling Psychology Quarterly, 2014, 27 (4), 379 – 392.

109. Townend, M. Interprofessional supervision from the perspectives of both mental health nurses and other professionals in the field of cognitive behavioural psychotherapy. *Journal of Psychiatric & Mental Health Nursing*, 2005, 12 (5), 582 - 588.

110. Tsui, M. S. The roots of social work supervision: An historical review. *The Clinical Supervisor*, 1997, 15 (2), 191 – 198.

111. Tsui, M. S. Adventures in re – searching the features of social work supervision in Hong Kong. *Qualitative Social Work*, 2008, 7 (3), 349 – 362.

112. Tsui, M. S. and Ho, W. S. In search of a comprehensive model of so-

cial work supervision. *The Clinical Supervisor*, 1997, 16 (2), 181 – 205.

113. Unguru, E. & Sandu, A. Supervision. From Administrative Control to Continuous Education and Training of Specialists in Social Work. *Revista Romaneasc pentru Educatie Multidimensionala*, 2017, 9 (1), 17 – 35.

114. Vlasa, B. Roles, responsabilities and situations faced by supervisor. *Revista Româneascaă pentru Educatie Multidimensionalaă*, 2010, 2 (3), 51 – 63.

115. White, E., & Winstanley, J. Clinical supervision and the helping professions: An interpretation of history. *The Clinical Supervisor*, 2014, 33 (1), 3 – 25.

后记

近年来，我国社会工作进入快速发展的阶段，不仅民办社工机构的数量大大增加，而且从事社会工作专业服务的人数也在不断增长，到2017年底，全国民办社工机构已达6000余家，从事社会工作专业服务的人才数量已超过76万。在这样的环境下，无论社工机构的发展还是专业人才队伍的培养，都需要培育一支能够引领社会工作专业服务的督导队伍，特别是2012年中央组织部、民政部等19部委联合发布了《社会工作专业人才队伍建设中长期规划（2011—2020年）》，其中明确提出到2020年我国将培养“8万名具有扎实理论知识基础、丰富实务经验且能够指导解决重大复杂专业问题的社会工作专业督导人才”。随后，全国已有多个省市相继开展本土社会工作督导培育工作，深圳、广州、厦门、成都等地的社会工作督导培训相继落地生根，一部分实务经验较丰富的本土督导者开始步入机构内部的督导岗位。显然，社会工作专业督导人才的培养已成为我国社会工作发展中迫在眉睫需要解决的重要难题之一，它将直接影响我国社会工作职业化和专业化的发展进程。

正是在这样的社会工作专业督导人才培育的形势下，我们开始构思《社会工作督导基础知识》一书，希望能够为踏入或者准备踏入社会工作督导岗位的社会工作者提供督导的基本知识和服务指引，让他们了解社会工作督导的基本内涵、历史发展进程和基本伦理原则，掌握社会工作督导的主要理论和模式，熟知社会工作督导的过程和技巧。

为此，我们按照社会工作督导是什么、怎么做的逻辑设计了六章的内容，勾勒出社会工作督导基本知识的全貌，尽力做到基础、实用、全面。这六章的内容分别是：第一章社会工作督导的历史演变及其基本内涵（厦门大学史天琪）；第二章社会工作督导的伦理原则（厦门大学童敏和山东青年政治学院张剑）；第三章社会工作督导者的培养（闽南师范大学陈莹）；第四章社会工作督导的理论与模式（厦门大学史天琪）；第五章社会工作督导的过程和技巧（西南大学罗敏敏）；第六章社会工作督导者的继续教育（福建师范大学温谋富）。

这本书之所以能够面世离不开中国社会出版社编辑们的辛勤劳动，在此致以诚挚的感谢！

由于时间仓促以及水平有限，书中还存在不少需要改进的方面，希望各位老师和同行不吝赐教。

童 敏